共創アジア
時流の先へ

CO-CREATION ASIA
PAST, PRESENT AND FUTURE

中日新聞社経済部■編

中日新聞社

共創アジア

時流の先へ

まえがき

本格的な人口減少期に突入した日本。工場からコンビニまで、あるいは福祉の現場からホテルまで、外国人の姿をまったく目にしない場所はない。あらゆる活動が、もはや外国人抜きでは成り立たなくなっているといって過言ではなかろう。そしてその中でひときわ大きな存在感があるのはアジアの人たちだ。

中国大陸や朝鮮半島とは長い交流の歴史を刻んできた日本だが、東アジアに加えて東南アジアからインド、中東にまで至る広範囲の国々と、社会、経済、文化など幅広い分野でこれほど相互に深く交わりを持つ時期は、過去のどの時代にもなかった。

こうした強固な結びつきの礎となったのは、戦後、アジア各地に拠点を広げ、現地の人々と濃密に関わり続けてきた多くの日本企業の地道な取り組みにほかならない。生活習慣や宗教、文化が大きく異なる中で、どのようにしてそれぞれの土地に溶け込み、いかに信頼を勝ち得ていくか。そこにはビジネス上の判断とは別次元の、踏み越えていかねばならない数多くの関門があったに違いない。国内での経験則は役立つとは限らない。

「迷ったら、その国のためになることを選べ」「逃げない。地場企業になる意気込みで」――。本書には随所に企業関係者のこんな言葉が登場する。それぞれの立場で現地の人たちと真摯に向き合い、汗を流し、試行錯誤を続けた一人一人の目に見えない努力。その積み重ねがあってこそ、日本経済の成長とグローバル化は実現した。

本書は、二〇一八年五月から一九年二月にかけて中日新聞経済面で計四十六回にわたって連載した「共創　アジアへ」をベースにしている。この連載では担当の後藤隆行デスク（現三重総局次長）の采配の下、記者たちが、トヨタ自動車や中部電力、スズキといった中部の企業群のアジア進出当時を知る関係者の生の声を聞き出してくれた。

企業や業種の枠を超え、「アジア進出」を一貫した切り口として展開する連載の手法は、他のメディアでもあまり例がないと記憶する。今回初めて公になったエピソードも多く、中部の産業界にとっても価値ある史料になったと自負している。

平成の三十年間で日本社会は大きく変容した。個々の企業も経済界全体も、バブル崩壊とその後の長期低迷を味わった結果、かつての自信を失ったままのようにみえる。現在よりはるかに〝遠かった〟アジアに夢を抱き、雄飛していった先達の姿から学ぶべきことは少なくないはずだ。

二〇一九年五月

中日新聞名古屋本社 経済部長　山下雅弘

第三章 興せ産業

第四章　海峡を越えて

第五章　食の融合

第八章　価値を求めて

データは語る

※本書に登場する人の肩書、年齢、企業データなどは新聞掲載時点、敬称は略しました。

第一章 トヨタ 道を知る ～インドネシア編

私たちの隣人でもあるアジアの国々に、中部の産業界は時間をかけて根を張ってきた。戦争の記憶や景気の荒波にもまれながら、どう手を携え、成長への志を共に創り上げたのか。自国第一の保護主義が世界で台頭する今、現地での軌跡を追う。トヨタ自動車が多民族国家のインドネシアで受け入れられていく道のりをたどる。

1 焼き打ち　日本を敵視

蒸し暑さがむらむら高まるように、人々の熱気が固まりとなっていく。白亜のビルを取り囲み、石を投げ付け始めた。看板に「ＴＯＹＯＴＡ」とあった。二千にも三千にも膨れ上がった人の群れには、学生や大人だけでなく、子どもも入り交じっていた。ビル内に百人ほどがなだれ込む。一階のショールームのガラスをたたき割り、油をまいて火を放った。

一九七四（昭和四十九）年一月十五日、インドネシアの首都ジャカルタで、トヨタ・アストラ・モーター（ＴＡＭ）の本社が焼き打ちされた。警備の保安員は逃げるしかなく、そのすさまじさを後に社員に証言した。

ＴＡＭは、トヨタ自動車が、華僑系財閥のアストラ・インターナショナルと営む合弁会社だった。当時の現地採用の社員、バンタ美枝子（76）は「頭が真っ白になった」と振り返る。

ホンダやヤマハ、スズキの販売店でもバイクが燃やされた。日

本で「反日」と報じられた暴動は、現地では後に「マラリ事件」と呼ばれるようになる。

あと一年で太平洋戦争が終わって三十年。高度成長の波に乗る日本企業は、東南アジアへ競って進出していた。これを「日本資本の侵攻」と敵視する学生デモが各国で多発していた。焼き打ち前夜、首相の田中角栄が東南アジア歴訪の最終地としてジャカルタの空港に降り立つと、街はデモ隊であふれ返った。

十五日昼すぎ、五十三歳だったＴＡＭ社長の神尾秀雄（故人）は、街中の様子を聞きつけ、全社員に帰宅を命じた。「火の手も上がり、群衆が集まっているらしい」

車両部長の野村幹雄（76）は、まだ大ごとには考えていなかった。本社には海兵隊出身の保安員のほか、十数人の軍人も詰めていた。自宅に帰って同僚とお茶を飲んでいた夕方、東京・九段にあるトヨタの海外営業部門から電話が入った。「そっちの本社が燃えているぞ。ＮＨＫで映っている」

野村が様子を見てくるよう頼んだ運転手は、すぐに帰ってきた。無数の群衆が路上を埋め、車では近づけなかったのだ。ジャカルタに夜間外出禁止命令が発令された。

翌朝、バンタは本社に足を運ぶ。七三年五月に完成し、百人ほどが働く白壁の五階建てビルは黒焦げとなり、ショールームから引き

がれきが散乱したトヨタ・アストラ・モーターの本社
＝1974年1月、ジャカルタで（バンタ美枝子さん提供）

ずり出されたクラウンやコロナが焼けただれ散乱していた。ペンキが焼けたような焦げ臭さが鼻を突いた。

「どうしてこんなことが起こるんだろう」。日本で出会ったインドネシア人男性と結婚し、ジャカルタに移り住んで十年。幼い子がいるバンタは、やり場のない怒りから、言葉の代わりにため息が出た。

本社は目抜き通りに面し、日頃は夜もショールームに明かりをつけていた。まだ辺りはバラックの建物が雑然と軒を並べていた。暴動の標的となったのは「たまたま目につくところに社屋があったから」と、トヨタ自動車販売（現トヨタ自動車）三十年史にある。

トヨタにとって七一年設立のTAMはアジアではタイに次ぐ現地法人で、ようやく態勢が整ったばかり。事件後、一時は社長宅が連絡所となる。「この先どうなるのか」。不安がる社員みんなを前に、神尾は言った。「平常通り稼働する。絶対に撤退はしない」。ただ、分かり合うにはどうすれば良いのか。

暴徒に社屋を襲われ、壊されたトヨタ車（バンタ美枝子さん提供）

メモ　**マラリ事件**　「1月15日の災難」を意味するインドネシア語を縮めた造語。1974年1月15日をピークに数日間、ジャカルタで学生デモが暴動に発展。政府発表では死者11人、逮捕者470人で、

８００台の車両が破壊された。経済立て直しに向けてスハルト政権が進めた外国資本の受け入れが貧富の差を拡大させ、民衆が不満を募らせていたことが背景にあるとされる。政権内の権力闘争から暴動をあおる工作活動があったとの見方もある。

2 交流重ね分かり合う

不慣れな異国で起きた異常事態に家族の不満とストレスがたまりつつあった。一九七四年一月、インドネシアのジャカルタで、トヨタ・アストラ・モーター（ＴＡＭ）は本社の焼き打ちに遭い、日本人社員は自宅待機を命じられた。当時三十二歳の野村幹雄は、日本から妻と三人の子どもを呼び寄せたばかりだった。

事件から二日後、社長の神尾秀雄（故人）の妻エレンが野村の自宅を訪ねてきた。旧宗主国のオランダの血を引くエレンは、外出できない社員のため、トヨタ車にお菓子や食料を積み込んで届けて回っていた。

騒ぎが続く路上で車を取り囲まれても、エレンはひるまない。「私はインドネシアに生まれ育った。

事件後の産業見本市で会話する（左から）バンタ美枝子さん、神尾秀雄・エレンさん夫婦、野村幹雄さん＝1974年、ジャカルタで（神尾朗維さん提供）

あなたたちより長く住んでいるのよ」。こう諭すと囲んだ人たちは「ごめんなさい」とすんなり通した。

野村は、明るく笑って家族を励ますエレンの姿を思い出す。「勇気ある行動に頭の下がる思いだった」

太平洋戦争中、神尾はトヨタ自動車工業（現トヨタ自動車）から軍属としてジャカルタに赴いた。やがて三歳下のエレンと知り合い、結ばれる。敗戦後に捕虜として収容所にいるとき、双子の娘に恵まれた。

七三年にＴＡＭ社長となって二度目の赴任では、日本人とインドネシア人の社員を分け隔てなく接し、よく交流会を社長宅で開いた。それでも事件を受け、「日本は東南アジアとの関係を経済視点でしか見ようとしない」（現地紙）と批判された。

社員たちは数日ほどで復旧に動きだす。燃えた請求書などを作り直し、港に留めた在庫車両の確認に走った。この間、神尾は日本の本社に辞表を出すが、慰留されている。

十カ月後、社会貢献のためのトヨタアストラ財団が立ち上がる。日本のトヨタ財団とほぼ同時の設立で、奨学金拠出を始めた。「インドネシアの人たちと一緒にやっていくんだ」という神尾の言葉が、現地採用の社員だったバンタ美枝子（76）の耳に残っている。

ところが、もともと心臓の弱かったエレンは翌七五年夏に急死する。五十一歳だった。「事件がなければ、もっと長生きしてもらえたのに」。長男朗維《ろい》（66）の妻恵子（64）によると、めったに弱音を吐かない神尾が晩年まで悔いていた。

カトリック教会で営んだ葬儀には、神尾が知らない顔も集まった。以前からエレンは社員の妻らと親睦会をはぐくみ、孤児院も訪ねていた。人付き合いがうまくない神尾が現地で溶け込めたのは「母がいたから」と朗維は思う。神尾は孤児院訪問を引き継いだ。

葬儀を仕切った合弁相手の華僑系財閥とは家族ぐるみで付き合った。母に代わって神尾を支えた三女のレイ（69）は「奥さん同士の根回しがある国のようで、アポなしで家に来るほどの間柄だった」と懐かしむ。

八〇年代初め、日本のトヨタで神尾は米国でのゼネラル・モーターズ（GM）との合弁生産交渉に携わり、副社長も務める。「日本が国際社会で生きていくには相手国の歴史や文化をもっと知ることだ」。あの事件から胸に刻んでいた。

今もトヨタアストラ財団は経済的に恵まれない子どもたちに奨学金を提供している。根付くための気づきは本業でも生かされていく。

3 ブリキから国民車に

赤と白に色分けされた自動車部品が天井から釣り糸でつるされていた。焼き打ち事件翌年の一九七五（昭和五十）年六月、インドネシア最大の産業見本市「ジャカルタ・フェア」に、トヨタ自動車の「キジャン」が初めて姿を見せた。まだ「国民車」と称される面影はない。

ボディーやドア、バッテリー、ラジエーター…。多くの部品を赤く塗ったのは、いずれ現地で生産できるとの印だ。「この車は『インドネシアでこれだけ国産化ができます』というアピールだった」と、後にトヨタ・アストラ・モーター（TAM）副社長を務めた野村幹雄（76）は振り返る。エンジンや変速機など日本からの輸入品は白く塗った。

ただ、展示できたのは構成部品だけ。本当は試作した完成車

ジャカルタ・フェアで展示されたキジャンの構成部品。現地生産できる部品は赤く塗られた＝1975年6月、岡林睦夫さん撮影

を展示したかったが、直前にインドネシア政府関係者が「こんなブリキ細工のような車を飾るのか」ととがめた。野村は徹夜で部品を色分けした。

鉄板を折り曲げて溶接しただけの車体に、ビニール製のサイドウインドーと、武骨で簡素な見た目はお世辞にも洗練されているとは言い難かった。

キジャン開発は米自動車大手の攻勢に対抗する手頃なアジアカー構想として始まった。自国に自動車産業を根付かせたいインドネシアの工業大臣が来日時、トヨタに「庶民に手の届く車を造ってほしい」と伝えたのも後押しとなった。

コストをぎりぎりに削るため部品はほぼ既存車種から流用する一方、要のエンジン（排気量一一六六ｃｃ）は主力車カローラと同じにした。「軽トラ並みの低価格と頑丈さが最大の売り」と、ＴＡＭ車両業務課長だったバンタ美枝子（76）は語る。

七七年六月、百三十万ルピア（約八十六万円）で荷台付きの商用車として発売すると、購入したのは意外にも個人だった。「カロセリ」と呼ばれる街の架装業者で後部の荷台を取り外し、車体を取り付けてミニバンやワゴンとして使っていた。

野村は「トヨタが改装車両を出すこともできたが、『商売を取り上げないで』という地元の声に配慮もあった」と明かす。

ベース車をトヨタが造り、カロセリが客の要望に合わせて改造する。トヨタは街の業者の技術指導に出かけ、品質を保証した。この協力関係が市民に受け入れられ、キジャンの販売台数は発売四

(上)初代キジャン(下)最新の6代目キジャン＝いずれもトヨタ自動車提供

年目に初めてカローラを上回った。

初代から関わり、トヨタ副社長も務めた横井明（故人）は「迷ったら、その国のためになることを選べ」と説いていた。八六年発売の三代目はミニバンとなり、家族の多い国民の支持をさらに集める。トヨタとしてもインドネシアで三菱自動車などを抜き、トップのシェアを築いていく。

キジャンの部品の現地調達率は生産当初に19％だったが、最新の六代目で85％まで高まり、国民車の地位を固めた。二年前に購入したジャカルタの中学校教師ヌール・アイニー（46）は「大家族なので広い車内空間が気に入っている」と愛車の良さを話す。

キジャンは東南アジアをはじめ新興国に輸出されるようになる。今は豊田通商インドネシアで働くバンタは、かつてブリキと呼ばれた車の成長を誇らしく思う。「世界に類を見ない独自の飛躍を遂げたキジャンは、インドネシアの工業化や経済発展に貢献できた」

メモ　キジャン　インドネシア語で「鹿」を意味するトヨタ自動車のインドネシア生産車。同国での約40年間の累計販売は183万台（2018年4月末現在）。2004年、新興国向け戦略車IMVシリーズの「イノーバ」に統合されるが、インドネシアでは「キジャン・イノーバ」の名称が使われている。

4　生え抜き社長に託す

工場に出勤しても、造る車がない。仕事といえば、掃除や整備ぐらい。従業員のやる気が目に見えて落ちていた。

インドネシアのジャカルタ近郊で、トヨタ・アストラ・モーター（TAM）が一九九八（平成十）年三月に稼働させたばかりの車両組立工場は、一日動くと一日止まるような事態に陥った。前年に起きたアジア通貨危機の余波で、トヨタ車の販売が六分の一に落ち込んでいたのだ。

「どうしたら、みんなのやる気を高められるか」。組立部マネジャーだったワリ・アンダン・チャフヨノ（54）は頭を悩ませた。答えを求め、従業員一人一人と対話した。

早期退職する者も出始めていた。「お金がない」と生活費を心配する従業員に、ワリは明るく答える。「私もない。お金のない者同士で知恵を出そう」。同じインドネシア人だからこそ通じ合う感覚もあった。

聞き取りを重ねるうち、「農作業をやりたい」という声が上がる。約百ヘクタールの広大な敷地は土地が余っていた。「人は何もしないと、悪い考えばかり頭に浮かんでしまう。体を動かして好きなことをやった方が良い」。ワリは提案をのむ。

工場内に生まれた畑には、唐辛子やトマト、豆が実を付けた。若い従業員たちは、収穫した作物を誇らしげに家へ持ち帰った。農作業は車の販売が持ち直すまで二年間続いた。

インドネシアの大学で化学工学を学んだワリは卒業後の八九年に入社した。技術者として生産管理畑を歩みつつ、日本のトヨタ自動車本社にも二年間勤務し、トヨタ生産方式を体にたたき込む。「たゆまぬカイゼンには、現地現物のコミュニケーションが必須だと学んだ」。この経験がアジア通貨危機で生かされた。

二〇〇三年にTAMから製造部門が独立し、インドネシアトヨタが発足する。出向の日本人社長が三代続く間、副社長になっていたワリは一七年四月、社長に抜てきされた。トヨタの八十年の歴

インドネシアトヨタのオフィスで社員と打ち合わせをするワリ社長(中)=ジャカルタで
(岸本拓也撮影)

史上、アジアの生産会社で初の現地生え抜き社長の誕生でもあった。

人事や総務など管理部門の経験も積んだワリは「柔軟で、決断が速い」と、前任社長の野波雅裕（63）はみていた。若手社員に自然に溶け込み、趣味のフットサルに一緒に興じる気さくさもある。「トヨタがもっとこの国に貢献していくには、現地の人間がトップになるのが良いのでは」。野波はそう感じていた。

就任に先立つ一七年三月十三日、ジョコ大統領との面会を控えた朝食会議で、トヨタ社長の豊田章男（62）がワリに語りかけた。「その国のトヨタの社長となるべき人間は、その国に最大限の貢献をしないといけない」。ワリは豊田の言葉を片時も忘れない。

九千三百人の従業員に、呼びかけていることがある。日々生じる課題をすぐに報告する「バッドニュースファースト」だ。この意識付けが解決を早め、企業として成長できると信じている。「単に車を売るだけではなく、この国の産業を発展させる」。たぎる熱意は次代を担う人づくりにもそそがれている。

メモ　**アジア通貨危機**　1997年7月、タイの通貨バーツが投機筋から売り浴びせを受けて急落したのに端を発した経済的な混乱。インドネシアや韓国などでも通貨が暴落し、アジア各国で銀行や企業の破綻が相次いだ。輸入品価格が上がるなど市民生活にも深刻な影響が出た。タイ、インドネシア、韓国は国際通貨基金（ＩＭＦ）の資金援助を受け、一時は管理下に置かれた。

5 育てる　人も国も車も

起床は毎朝四時半。十七歳から二十二歳の若者たちが朝の祈りや体操を終え、一緒に朝食を取る。授業は午前七時十五分から午後四時までびっしりだ。

インドネシアの首都ジャカルタから東へ六十キロほど。インドネシアトヨタが三つの工場を構える工業地帯カラワンに、全寮制の職業訓練学校「トヨタ・インドネシア・アカデミー」はある。

トヨタがインドネシアの産業を引っ張る将来の現場リーダーを育てるため、二〇一五（平成二十七）年十月に立ち上げた。今は女性二人を含む六十四人が寝起きを共にしながら学んでいる。日本のトヨタ工業学園（愛知県豊田市）の全寮制がモデルで、アジアではインドに続く二校目の訓練校となる。所長のアミル・クスニ（51）は「子は宝。親が子どもの成長をすべて見届けるインドネシアの文化的要素に合っている」と話す。

車の生産に必要な知識や技能だけでなく、語学や数学、芸術と学ぶ分野は幅広い。一七年八月に入学したリフキ・メイナウファルニ・アリフィン（18）は「なぜ現場で規律とチームワークが大切なのか『心構え』がよく分かった。入学してから二百パーセント成長した」と感じている。

トヨタ・インドネシア・アカデミーで生産ラインの仕組みを学ぶ学生たち
＝インドネシア・カラワンで（岸本拓也撮影）

リフキは地元カラワンの工業高校を最優秀の成績で卒業し、「いつか空も陸も海も移動できるような車をつくりたい」と自動車業界を志した。アカデミーを選んだのは、短期間で実践的な技能を習得できることに加え、「費用のこともあった」と打ち明ける。

学費はすべて無料で、生活費も提供される。世界銀行の調査によると、インドネシアでは人口の八割に相当する約二億人が月収約三十四万ルピア（約三千円）以下で暮らす。都市部のジャカルタと、島しょ部との経済格差も大きい。優秀でも進学を諦めてしまう子どもは少なくない。

「何もしなければ、ずっと低賃金のままだ。いつまでたっても国が良くならない」。アカデミーの立ち上げを指揮したインドネシアトヨタ前社長の野波雅裕（63）は、校舎の玄関に置かれた小さな石に「隗《かい》より始めよ」と日本語で刻んだ。現状を変えるには自分たちから。「ものをつくる前にまず人をつくる」。現地法人を構えて半世紀近く受け継ぐ信念があった。

インドネシア全土から人材を集め、十年の間に合計千人の技能者を輩出する目標を立てている。学生は一～二年学ぶと、インドネシア政府のお墨付きを得た技能修了証が得られ、就職や転職が有利になる。

卒業した一、二期生六十四人は全員インドネシアトヨタに就職している。が、設立当初から掲げる理想は高い。現社長のワリ・アンダン・チャフヨノ（54）は「どこで仕事をしても構わない。ものづくりを学んだ人材が外に広がっていけば、最終的にはインドネシアの産業全体への貢献になる」と話す。一八年夏からは部品会社の若手の短期訓練も受け入れる。

トヨタ社長の豊田章男（62）は、世界中の道を走り、知ることが「もっといいクルマづくり」につながると考えている。現地の暮らしや文化と向き合うことが、その第一歩となる。

番外編

インドネシアでの半生　トヨタとともに
バンタ美枝子さんに聞く

（岸本拓也）

豊田通商インドネシアでアドバイザーを務めるバンタ美枝子さんは、ジャカルタで暮らしながら、トヨタ自動車のインドネシアでの事業に関わり続けてきた。半世紀にわたるトヨタとの歩みを聞いた。

結婚して未知の土地へ

インドネシアに来たのは一九六四年六月二十日でした。上智大の学生時代、インドネシア銀行の研修生として来日していた主人と出会い、結婚したことがきっかけです。

当時のクマヨラン国際空港から宿舎に向かったのですが、車の窓から果てしない濃い闇が広がり、点在する家の明かりや車はまばら。「未知の世界に来てしまったな」と不安がよぎりました。ただ街に出ると、新聞売りや靴磨きの少年たちの目に暗さがない。つつましく、したたかに生きている姿が印象的でした。

○生きる道を探して

長男を出産し、この子を何とかインドネシア人として育てなければ、という決意が一つできたころです。共産党革命が未遂に終わった後の六五年十二月、デノミ（通貨切り下げ）が実施されたんです。経済がまひしました。ハイパーインフレで主人の給料は一週間でなくなるほど。日本製の家電を一つずつ売って生活費に替えていきました。何とか生きる道を探そうとした時、日本大使館の計らいで六七年に豊田通商ジャカルタ駐在事務所に就職できました。

豊田通商ではトヨタ車の輸出入業務を行っていました。インドネシア政府が外資に門戸を開く政策を打ち出し、豊田通商とトヨタ自動車販売（現トヨタ自動車）は

自らの半生とトヨタの歩みを振り返るバンタ美枝子さん＝ジャカルタの豊田通商インドネシアで

直接投資の検討を始めました。現地資本との合弁会社を設立する話が立ち上がり、私は六八年、車両関係の仕事とともにトヨタ自販ジャカルタ駐在事務所に移籍したのです。

トヨタ現地法人の誕生

それから紆余《うよ》曲折がありました。トヨタの合弁相手はアストラインターナショナルに決まり、日本側の出資比率を90％にする申請書を出したのですが、インドネシア政府は新たな法令で外資の出資比率を規制したのです。植民地時代の苦い経験から産業の主導権を握られたくないとの思いもあったのでしょう。

度重なる調整の結果、七一年十二月にトヨタ・アストラ・モーター（ＴＡＭ）の設立が認められました。味の素に次ぐ二番目の日本・インドネシア合弁企業です。私は販売部の車両業務課長となりました。七二年八月、現地で組み立てられたクラウン二十九台を初めて販売店に納車できた時はうれしかったです。

完成したＴＡＭ本社の開所式は七三年五月でした。サッシのないガラス張りのショールームがあり、店内中央にはターンテーブル、最新のサウンドシステムを備えていました。まばゆい夜間照明に、運転手が目を奪われて接触事故が相次いだため、当局から照明を落とすようお達しが出たこともありました。

本社焼き打ちの衝撃

本当に今でも忘れられません。(七四年一月十五日の) その日は朝から街に緊迫した空気が漂っていました。デモが暴徒化したとの情報が入り、帰宅命令が出ました。翌日、本社が焼き打ちされたと聞いて「何かの間違いだろう」と疑いました。社長室の壁には複数の弾痕があったそうです。

暴動が治まると、当時の神尾 (秀雄) 社長が平常通りの稼働を表明し、途方に暮れていた従業員は随分と勇気づけられました。事件後、インドネシアの人々と繁栄を築くため、現地にトヨタ財団ができました。神尾社長は機会あるごとに従業員や家族、販売店の方々と交流の場をつくり、和を図ることに努めていましたね。文化や言語、習慣が違っても理解し合うことが大事だと考えていたのでしょう。

国民車「キジャン」

キジャンには、インドネシアの工業化と経済発展に貢献していく信念が込められています。当初はコストをぎりぎりに削り、鉄板をつなぎ合わせた「ブリキの戦車」みたいでした。しかし、現地のニーズを丁寧にくみ取り、改良を重ねることで信頼を得ていったと思います。日本でかつて「いつかはクラウン」と言われていましたが、インドネシアでは「いつかはキジャン」という感覚があるんですね。今では世界戦略車として海外へ輸出されるまでにもなりました。

　トヨタのインドネシアでの歴史は、私がインドネシアで過ごした歳月でもあります。インドネシアの人たちと激動の中をひたすら突っ走って、今日を無事に迎えられたことに深い思いがあります。

インタビュー

インドネシアトヨタのワリ・アンダン・チャフヨノ社長

インドネシアトヨタのワリ社長に聞く

トヨタ自動車のインドネシア製造会社「インドネシアトヨタ」のワリ・アンダン・チャフヨノ社長（54）が、ジャカルタの本社でインタビューに答えた。トヨタのアジアの製造会社で初の現地生え抜き社長として、国際競争力を高めて産業発展に貢献する意欲を示し、自ら考え行動できる人づくりへの思いも語った。

（岸本拓也）

―トヨタは世界各地で「まち一番」を目指し、地元に根付く活動をしています。

「重要な質問をありがとうございます。ただ車をインドネシアに売るだけでなく、インドネシアの社会、そして産業を発展させたい。たくさんの貢献をするには、まず私たちの会社がしっかりしたビジネスを成長させないと。そのために、さまざまな状況に挑戦していく競争力を継続的に高めていくことが必要です。ＩＴなど他の産業との競争にも勝っていかないといけないからです」

―そのために社内で取り組んでいることは。

「三つのバリュー（行動指針）を掲げてきました。『オーナーシップ』『チームワーク』、そして『バッドニュースファースト』。この国で優先度が高く、必要なことを考えました。インドネシアでは良いことばかり先に伝えたがる傾向があり、問題解決が長期化してしまうことがありました。良くないことを先に伝えるようにすれば、いろんな課題に対しても迅速に対処できます」

―バッドニュースファーストは進みましたか。

「現場の人はバツを付けることに気が引けてしまう。だから、バツの付いた報告を上げてきた人には『本当にありがとう』とまず感謝してきました。実は大変なんですよ。日付が変わる夜中に電話で連絡を受けたこともあります」

「企業は技術や知識だけでは伸びていかない。やはり考え方の意識を変えていかないと。チームワークとオーナーシップが入っているのは以前、いろんな部署で縦割りの状態があったから。所属する部で立てた目標を達成したら満足しがちですが、そうではない。会社としてのゴールこそ自分のゴールなんです」

――今後は。

「現在、インテグリティー（誠実さ）やイノベーション（技術革新）などを加え、バリューは七つになった。トヨタと言えばカイゼン。もちろん継続的にカイゼンを続けますが、そうすると緩やかな伸びになってしまう。私たちは二〇二〇年までのビジネス計画を持っていますが、あと二年しかない。跳躍力が必要で、イノベーションが欠かせないと思ったんです」

――入社した理由は。

「私は田舎の人間でした。トヨタには『大きな企業だな、ここで働けたらうれしいだろうな』と思っていました。ただ、大学で化学工学を専攻したので、石油系の大きな企業からも誘いがあった。そうしたら母が『あなたはトヨタにするのよ』と背中を押してくれたんです」

――一七年四月から社長を務めています。

「かつては日本人同士の経営層が話し合っているのをはたからみて『いいなぁ』と思っていました。今はトップとしてコミュニケーションを心がけています。ずっと生産畑にいたので、相手が日本人でもインドネシア人でも問題はあまりない。ちょっと勝手が違って少し躊躇はありますが、肩書の壁を取っ払って話せているのでは」

――どんなふうに。

「私は技術的な課題について特にコメントしません。でも、最初に挙げた三つのバリューに関わる話なら違いますよ。一週間前に挙がった問題を『ほかの部署に伝えましたので』と報告されたら、私は大いに叫びます。『よそに投げただけで済むのか！』とね」

「変なことも言います。『自動車って四輪だよね。三輪だったらどうなる？』とね。冗談かと笑われますが、新しいアイデアは突拍子のないところから生まれると思いませんか」

――職業訓練学校「トヨタ・インドネシア・アカデミー」を一五年十月に設立しました。次代の人材育成をどう考えていますか。

「最初に考えたのは設備のメンテナンスができる人が大事ということ。いろんな機材の自動化が進んでいる中で、それをきちんと管理運営できる人が必要になります。そういう人を育てなければ、何か問題があると生産ラインがストップし、すぐ影響が出てしまう。それと秩序だった行動ができる人の育成も必要と考えました」

――そうした人づくりはトヨタのためか、ひいてはインドネシアのためか。

「大統領みたいなことを言いますね(笑)。最終的なゴールはインドネシアのためです。いずれ学生の半数をトヨタ以外に送り出せたらよい。高等専門学校のような学校を卒業した求職者向けに六カ月の訓練も実施しています。学び終えたら政府認定の修了証が出るので、これを持ってどこでも働けるようにはなっています」

――インドネシアの自動車産業を発展させるには。

「自動車保有率は千人当たり九十人。タイより低いが、むしろチャンスは大きい。二〇年以降に本格化する車の電動化に、少しでも付いていくことが必要です。産業として競争力を高めるため、政府とも話しています。競争力を付けないと輸出もできません」

――トヨタとしては。

「愛されなければ受け入れてもらない。トヨタの車をインドネシアの車として、もっと喜んで購入し使ってもらえるようにしたい。十年後、二十年後を考えると、販売シェアも現在の三割台でなく、四割、五割と伸ばさないと。やはり愛されることが一番だと思います」

第二章 トヨタ 道を知る ～タイ編

戦後、トヨタ自動車のアジア事業はタイから本格化した。相次ぐ苦難に直面しながら現地で根付き、今では「世界のトヨタ」の主要拠点となった。タイでトヨタがさまざまな協力先と手を取り、険しい道を乗り越える歩みをひもとく。

1975年夏、工場内の仏塔のそばで取材に答える林定一さん
＝タイ・サムロンで

1 異文化超えて恩返し

太平洋戦争が終わったインドシナ半島で、死線をさまよう若者がいた。

二十代になって間もない林定一《さだいち》は、ビルマ（現ミャンマー）の首都だったラングーン（現ヤンゴン）で敗戦を知る。それまでの連日四十キロの行軍がたたったのか、日本へ戻るためタイへ移動中、マラリアにかかった。

道すがらタイ北部で行き倒れとなる。地元の家庭に運良く助けられ、手厚い看病を受けて命をとりとめた。三年も世話になるうち、多くの残留日本兵が次々と故郷へ帰っていく。福井市出身の林は「取り残された」と感じた。なおさらタイ人の優しさが身に染みた。

「この恩に報いるにはどうしたらいいか」。救ってくれた人に尋ねると、仏門へ入るよう勧められ、僧侶となって八年を過ごした。仏教国タイの文化や言葉を学んだ林は俗世間に戻る。三井銀行（現三井住友銀行）のバンコク支店に六年勤め、トヨタ自動車の現地法人「タイトヨタ」へ入社した。

戦後のトヨタは、アジアを重点に輸出を再開した。復興途上の日本と同様、悪路に強くて価格が安い車が求められている。そんな考えが創業者にして社長の豊田喜一郎にあった。

喜一郎の死後も方針は受け継がれる。タイを東南アジアの有望市場と位置づけ、一九五七（昭和三十二）年、海外初の支店をバンコクに構えた。六二年にはタイトヨタが誕生し、現地で製造も担っていく。

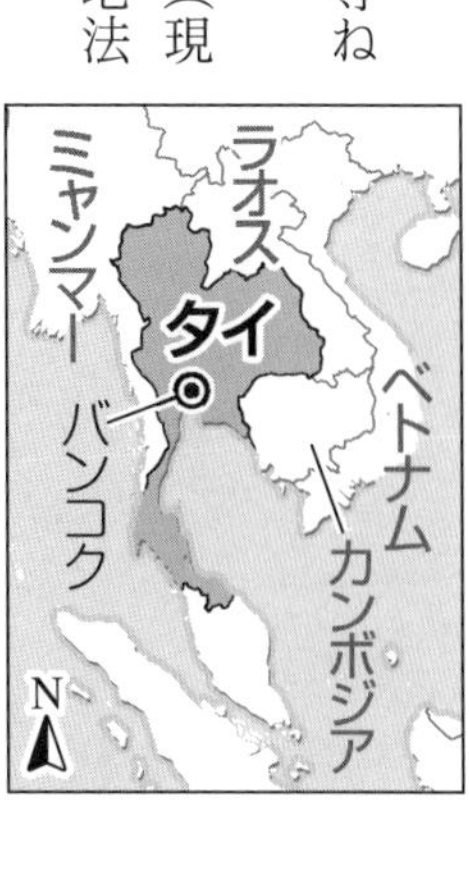

最初の工場は、バンコクから二十キロ東のサムロンに建つ。まだ辺りは農地に囲まれていた。六四年には「ティアラ」（日本名コロナ）や小型トラックの車両組み立てが始まった。
林は工場の管理職として、日本人幹部とタイ人従業員の間を取りもった。タイ人従業員は農業からの転職がほとんどで、工場での勤務は皆無だった。林はタイの事情に明るいことから、世話役も期待された。
現タイトヨタ会長のニンナート・チャイティーラピンヨウ（71）は「林さんを尊敬していたし、

いろいろと教わった」と懐かしむ。大学で機械工学を学び、七一年に入社するとサムロン工場の配属となった。

油まみれになって車のボルトを締めていた当時、林にかけられた言葉を今も覚えている。「君が良いリーダーになるには、人の話をよく聞いてあげなさい」。自らの心を開いて、さまざまな立場の意見に耳を傾ける大切さを説かれた。

タイでは労働者が権利意識を強め、ストライキが各地で多発するようになる。近くの工場の従業員がトヨタの従業員にストを誘う動きもみられた。

時には部品の供給が滞ったものの、トヨタではストは起きず、林には「大きな誇り」となった。日本人上司とともに、従業員ひとりひとりに心を配り、家族同然の結び付きを求めてきた経緯があった。

敗戦から三十年後の七五年夏、五十歳になった林は自らの半生を本紙に語った。トヨタの創立四十周年記念文集にも七六年時点のタイトヨタ製造部次長として寄稿したが、その後の消息は分かっていない。

ニンナートは林に思いをはせる。「タイと日本の文化の違いを乗り越える懸け橋となった方でした」

2 郷に入って僧侶修行

「大理石寺院」と呼ばれる白壁の美しさを南国の日差しが引き立てていた。タイ近代化の礎を築いたラマ五世も眠るバンコクの寺院「ワット・ベーンチャマボピット」で、僧侶たちが日本人の髪と眉を丁寧にそり落としていく。

一九七五（昭和五十）年ごろ、タイトヨタ副社長だった東郷行泰は、ワイシャツを脱ぎ、木綿のけさをまとって剃髪《ていはつ》の儀式に臨んだ。間近で見守った長女の宮原由美（65）は、思わず涙がこぼれた。「パパ、本当に大丈夫かしら」。短大を卒業後、バンコクで父と母の美作子（故人）と暮らしていた。

タイに赴任中、僧侶（左）と写真に納まる東郷行泰・美作子さん夫婦＝宮原由美さん提供

日系企業の看板が林立するバンコクでは、「日本の経済的支配」との理由で反日機運が高まっていた。七四年には当時の首相、田中角栄の訪問に合わせ、学生ら二万人がデモを繰り広げ、その一部が暴徒化した。

日本からの駐在員による異例の修行は、東郷が王室との茶会で「タイの仏教に興味がある」と発したことで実現し、現地メディアも取り上げた。

寺では毎朝四時半に起き、托鉢《たくはつ》に出る。慣れない素足に、皮がめくれ、痛みをこらえて歩く。住民は「口に合うだろう」と、トーストをそっと鉢に入れてくれた。どうしても外せない会社の会議には、けさ姿のまま顔を出した。二週間近く修行僧らと寝食を共にした。

「日本のビジネスマンはもうけることしか頭になく、その国の文化を知ろうともしないと非難された」。七一年の赴任後に苦い経験があったと、一線を退いてつづった自著にある。

職場では始業前には出社し、従業員にタイ語を習った。販売店や工場をまめに回ってタイ語で対話を重ねながら、日本流も持ち込んだ。時間にルーズな文化を変えるため、朝八時に全員参加の朝礼を開いた。

東郷は七六年からのカナダ転勤を経て、八三年に米国トヨタ自動車販売の社長に就く。自動車大国の米国で味わったのは、タイとよく似た空気だった。貿易摩擦が「日本車たたき」にまで高じ、日本の自動車メーカーは対米輸出の自主規制に踏み切っていた。

だが、東郷はバンコクで仏門に入ったように、相手に飛び込むスタイルを崩さなかった。販売店に足しげく通い、警備員や清掃員にも気さくに声を掛けた。米国での本格的な現地化の第一歩となったケンタッキー工場の建設で幅広い人脈を生かし、キャデラックやベンツに対抗する高級車ブランド「レクサス」の販売網の立ち上げも指揮した。

トヨタ自動車の常務も務めた東郷は二〇〇〇（平成十二）年、七十五歳で死去する。日本で開いたお別れの会には、赴任した三カ国の販売店関係者や元同僚らが焼香に訪れた。

由美の夫で横浜トヨペット会長の宮原郁生（71）は、カナダに店舗進出して間もない時期、現地で東郷に助言を求めたことがある。「相手のことを理解して、地元に密着しないと、ビジネスはできないよ」。タイでの僧侶体験を交えながら諭された。

体を張って知り得たメッセージは、保護主義が台頭し、貿易摩擦が深刻化する今も通じる。

3 苦境　国王が救いの手

使命は「タイ人による、タイのための車」だった。一九九三（平成五）年、タイトヨタで若い家族が買いやすい車づくりが動きだす。前年に四十代半ばでタイ人初の取締役となったニンナート・

チャイティーラピンヨウが現地の開発責任者を任された。

ニンナートがプミポン国王（当時）に拝謁して報告すると、こう言葉をかけられた。「洪水の水位が高いところでも運転できる車があったら、便利なのに」

タイはたびたび洪水被害に見舞われる。ある日、国王が自らハンドルを握り、首都バンコクの王宮近くの現場を視察しようとしたところ、王室職員に制された。そんな出来事も明かした国王は「水をかぶってもエンストしないように、空気取り入れ口と電子部品の位置を高くしてはどうか」と提案した。

日本から主要部品を輸入し、現地で組み立てる従来のノックダウン生産では困難だった。部品の現地調達率を70％まで引き上げて国王の期待に応え、九七年一月に小型乗用車「ソルーナ」が発売される。価格は三十二万七千バーツ（約百五十三万円）からと、日系の現地生産車では最も安い。販売開始から三日間だけで約二万九千台の予約を受けた。

半年後の七月、タイ通貨バーツの暴落をきっかけにアジア通貨危機が起き、自動車市場が急速に冷え込む。タイトヨタは二カ所目の工場をバンコク近郊のゲートウェイに新設し、生産能力を引き上げたばかりだったが、大幅な減産を余儀なくされた。「トヨタが工場を閉鎖し、五千五百人の従業員も解雇される」。生産撤退のうわさまで流れ、現場に動揺が広がった。

十一月五日には経営陣が記者会見し、うわさを否定した。翌日、ニンナートに電話が入る。「国王がソルーナの購入を望んでおられる。従業員を長く職に就かせるため、手作業でもいいからゆっくりと造ってほしいとおっしゃっている」。国王の秘書からだった。

国王からの注文は工場の士気を高め、自宅待機中の従業員も出勤した。車体を特注のライトブルーで塗り、後部のエンブレムはあえてタイ語の文字で仕上げた。一カ月ほどで完成し、王宮へ運んだ。

国王はスーツの内ポケットから、六十万バーツの小切手を差し出す。ニンナートが献上したいと伝えると、国王は「それではこのお金を活用し、トヨタの技術で精米工場をつくり、農家を助けてもらいたい」と再び提案した。

多くの農家が当時、仲介業者に安く買いたたかれていた。タイトヨタは販売店などに呼び掛けて精米会社を設立し、国王からのお金を資本金に組み入れた。今もゲートウェイ工場の一角で操業が続く。

プミポン国王（左から2人目）からの依頼を受け、生産したソルーナを献上するニンナートさん（右）＝バンコクの王宮で（1997年の撮影当時、タイ王室事務局からタイトヨタに提供）

トヨタ自動車が米国発端の大規模リコール（無料の回収・修理）で揺れた二〇一〇年二月には、トヨタ名誉会長の豊田章一郎（93）がバンコクの病院で療養中の国王を見舞った。現状の説明を聞いた国王は言った。「ほかの国は知りませんが、私とタイ人はトヨタ車に対して、何ら不安は持っておりません」

政治対立など数々の国難を救い、「国父」と慕われた国王は一六年十月、八十八歳で死去する。トヨタにとっても、苦しい時に救いの手を差し伸べ、信頼を寄せ続けてくれた存在だった。

一七年四月からタイトヨタ会長を務めるニンナートは言う。「国王の特注車をつくることができたのは全従業員の誇りです」

メモ **ソルーナ**　アジア専用車として「ターセル」をベースに開発された。排気量1500cc。車名はスペイン語で「太陽」と「月」を意味する言葉を合わせた。後継として2002年に発売した「ヴィオス」は、東南アジア諸国などにも販売され、全面改良を重ねている。

後部エンブレムをタイ語で造ったソルーナは500台限定で販売もされた
=タイトヨタ提供

4 世界戦略はここから

二〇〇三（平成十五）年夏、会議室の重苦しい空気を振り払うように、タイトヨタの現地幹部が上級副社長だった三島康博（67）に進言した。

「われわれはやります。日本側に『やれる』と伝えてください」

トヨタ自動車の世界戦略車「ＩＭＶ」シリーズの始動が、わずか一年後に迫っていた。部品の調達から車両の生産、輸出を新興国の間だけで完結させる初のプロジェクトだった。

東南アジア諸国連合（ＡＳＥＡＮ）域内などで関税撤廃の動きが進む中、トヨタはＩＭＶを百四十カ国以上に投入し、世界販売の底上げを目指した。当初はインドネシア、アルゼンチン、南アフリカなど十カ国で車両生産を計画し、その先頭打者に指名されたのが、歴史が長く、品質にも定評のあるタイだった。

ところが、第一弾のピックアップ（荷台付き）トラック「ハイラックス・ヴィーゴ」の試作で、思わぬ事態に直面する。通常の三倍に上る三千カ所もの設計変更が生じたのだ。山のような書類は、砂漠や寒冷地、山間部など異なる過酷条件を同時にクリアする難しさを物語った。日本のトヨタ本社では「立ち上げ時期を遅らせるべきではないか」との見方が広がった。

それでもタイトヨタではＩＭＶに光明を見ていた。一九九七年のアジア通貨危機後、雇用への不安がくすぶっていた。会長のニンナート・チャイティーラピンヨウ（71）は「タイ政府も投資、雇用、技術移転、輸出の促進と、あらゆる面で期待していた」と振り返る。

「日程通りにやります。任せてください」。三島の日本への報告が号令となり、対応は加速する。部品の仕入れや輸出に向けた手続きなど、課題を書いた紙が張られたオフィスに、担当者は日付が変わるころまで詰めた。金型や設備の微修正は部品メーカーと一緒に進め、設計変更を一つ一つクリアした。

新興国で売るＩＭＶは低価格が大前提で、日本から部品を運べば高くつく。日本企業にはタイ進出を、地場企業には新領域への挑戦を呼び掛け、当時、半

初の「IMV」発表会で「ハイラックス・ヴィーゴ」を囲む佐々木良一タイトヨタ社長（左）や豊田章男トヨタ自動車専務（右）ら＝2004年8月、バンコクで（肩書はいずれも当時）

分程度だった現地調達率を90％以上に引き上げた。部品メーカーでつくるタイトヨタ協力会の前会長マノー・リーゴモンチャイ（77）は「輸出は初めてだった。一つのモデルで五百種類もの部品を用意した」と当時を語る。

輸出先の販売店からは品質への懸念も出た。タイトヨタは独自の取り組みで万全を期す。生産途中に不良をチェックする関門をいくつも設け、出荷前には必ず車をコースで走らせた。

〇四年八月二十五日、ハイラックス・ヴィーゴがバンコクでお披露目された。トヨタ専務としてプロジェクトを統括した豊田章男（62）＝現社長＝は「世界の自動車産業史の新たな一章をひらく一日だ」と力を込めた。

世界各地の売れる条件を満たす品質と、高級車並みの内装でも価格を抑えた低コストの両立が、これまでと違った景色を見せた。タイトヨタ社長だった佐々木良一（70）は、千四百人の報道陣の熱気に圧倒されつつ、思い描いていた。「タイのものづくりの世界が変わろうとしている」

生産や調達を指揮した三島は従業員と仕入れ先の関係者を集め、マラソンに例えて訴えた。「まだスタートライン。これからはタイが転べば、世界中の車が止まる。全員で走りきろう」。真の世界生産拠点へ。確かな一歩を踏み出した。

メモ　**ＩＭＶ**　英語の「イノベーティブ・インターナショナル・マルチパーパス・ビークル」の頭文字に由来。アジアではエンジンはタイ、インドネシア、変速機はフィリピン、インドと基幹部品の分業生産も進んだ。ヴィーゴは、ピックアップトラックのシリーズ名。ほかにミニバン、スポーツタイプ多目的車（ＳＵＶ）もあり、ＩＭＶ累計販売は１１００万台を超えている。

5　車の頭脳　水から救う

日本の自動車業界が東日本大震災の被害から立ち上がり、挽回生産がピークに入っていた時だった。二〇一一（平成二十三）年十月、インドシナ半島を台風が相次いで直撃し、タイは「五十年に一度」の大洪水に見舞われる。

「被害の状況を一緒に確認してほしい」。バンコク日本人商工会議所の幹部らは、キティラット副首相（当時）の求めでヘリに飛び乗った。バンコクから北へ約六十キロ。ホンダなど多くの日本企業が工場を置く中部アユタヤ県の工業団地は、濁流にのみ込まれ、屋根しか見えない。「世界に影響が及ぶ」。重たい空気が機内に充満した。

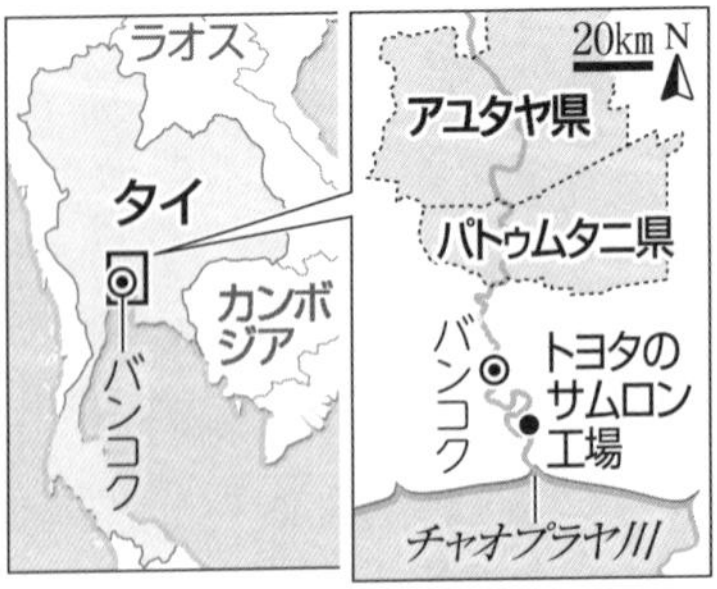

タイは日米の自動車関連企業の集積が進み、世界でも指折りの車の生産拠点となっていた。ところが、みるみる広がる浸水で部品の供給網が寸断され、日本の自動車メーカー八社の四輪工場はすべて止まった。被災しなかったトヨタ自動車も全三工場で操業を停止し、減産がインドネシアやフィリピン、さらに遠く離れた日本、米国へ広がった。

とりわけ車の制御をつかさどる電子部品は、大きなネックになった。タイ最大級のナワナコン工業団地（パトゥムタニ県）では日本大手の現地工場が浸水し、供給が断たれた。

この工場に、日本自動車工業会（自工会）は十一月、支援隊を派遣する。会社の枠を超えて選抜された約四十人で、中越沖地震や東日本大震災を経験した精鋭ぞろい。リーダーを務めたトヨタの牛島信宏（52）は「一つでも電子部品が足りなければ車は造れない」と肌で感じてきた。東日本大震災では半導体などの供給が止まり、車両生産の再開が遅れた。

支援隊が停電で薄暗い工場にボートで入ると、三階建て建物の一階は腰の高さまで水があった。到着前は、沈んだ設備を引き上げ別の場所に生産ラインを移すことを考えたが、牛島は「インフラの復旧が最優先」と判断する。自家発電機やガスタンクをボートで搬入し、コンクリートでせき止めた水をポンプでくみ出した。

取引先からも有志が集まり、部品成形の基となる金型の搬出に当たった。活躍したのは、発泡スチロールの分厚い板に鉄板を載せた即席の船だった。タイトヨタのサムロン工場で手作りされ、「トヨタ丸」と呼ばれる。

浮力などを計算して設計した設備管理会社「サンエイ」（愛知県刈谷市）の新美史朗（51）は振り返る。「自動車業界は結束力が強く、災害時の経験値も高い」。濁った水の中から、重さ五百キロ以上もの鉄の塊の金型をリフトで引き上げ、トヨタ丸で救出した。

電子部品工場の従業員は、オールジャパンの助けに感謝しつつ、機械をドライヤーで乾かすなど、上層階でトランジスタやダイオードの生産を再開した。浸水から約四十日後、初の完成品を別のボートで出荷した際は、ささやかにテープカットで祝った。

牛島は「在庫を極力持たないのがトヨタ生産方式。止まったら早く動かさないと。その辺は鍛えられている」と言う。自工会宛ての日報には、働きづめの電子部品工場の従業員をねぎらう言葉をつづった。「11月26日　生産再開後、初出荷へ

浸水した電子部品メーカーの工場から引き上げた金型を運ぶ「トヨタ丸」
＝2011年、タイ中部のナワナコン工業団地で（新美史朗さん提供）

徐々に量産体制に入る中、ローカルメンバーの士気も向上中」

メモ　**タイ大洪水**　2011年7月からタイ東北部で被害が始まり、相次ぐ台風などでチャオプラヤ川が氾濫し、10月には中部の工業団地が被災。バンコク市内の一部も冠水した。日本から進出していた約400社が操業停止などの影響を受け、トヨタ自動車は約40日間、現地生産を停止した。洪水による死者は800人を超えた。

6 技術磨き日本へ輸出

黒と白の一台ずつのピックアップ（荷台付き）トラック「ハイラックス」が、中部地方のトヨタ販売店のサービス担当者三十人に囲まれた。「塗装にムラがある」「鋼板の接ぎ目の仕上がりが左右違う」。担当者は車体の隅々に顔を近づけては付箋を貼り、その理由を用紙に書き込んでいく。

十三年ぶりの日本での販売復活に向け、タイからの初輸出を三カ月後に控えていた。二〇一七（平成二十九）年五月、岐阜県多治見市のトヨタ自動車の施設で開いた内覧会に、タイトヨタが試作車二台を船で運んできた。顧客に日々接する担当者のチェックを受けるためだった。

「タイの品質はいいね、と認めてもらえると思っていたのですが…」。内覧会に立ち会ったタイトヨタの製造統括、砂月明寿《さつきあきとし》（52）は振り返る。付箋が貼られたのは外観だけで百カ所に及んだ。「お墨付き」をもらうつもりが、このままでは日本で売れない「ダメ出し」になった。

ハイラックスは〇四年に日本で販売を終え、新興国向け世界戦略車「ＩＭＶ」の主力車種となっていた。一六年一月、日本での販売再開を求める声に応え、タイからの「逆輸入」が決まると、タイ東部にあるバンポー工場で、タイ人従業員が品質向上に取り組んできた。

「こんな小さなことまで指摘されるとは、やはり日本の目は厳しい。でも、やるしかない」。工場長のチャロエンチャイ・インチャルーンキット（53）は直ちにタイに戻った。

現場には「タイトヨタの品質基準はクリアしているのに」と不満が渦巻いていた。タイではトラックだが、日本では高級車並みの乗用車という意識の違いがあった。従業員にすれば、ハイラックスを延べ百二十カ国以上に輸出してきた自負もある。「そんな指摘はほかの国から受けていない」と納得できない人もいた。

幸い、指摘はいずれも作業方法の見直しで改善できることが判明した。「最高級ブランド『レクサス』を将来、タイで造ることが俺たちの目標ではなかったのか。でも今は無理だよね」。工場長のひと言で従業員の目つきが変わった。

塗装を均一にするため、塗料の代わりに水を使い、スプレーを何度も吹いて練習する。磨きのム

日本輸出用のハイラックスに天井などから光を当て塗装状態を検査するタイ人従業員＝タイ東部チャチュンサオ県のタイトヨタ・バンポー工場で（山上隆之撮影）

ラをなくすため「バフ」と呼ばれる研磨工具を重量計に押し当て、圧力を一定にする感覚をつかむ。再び試作に取り組んで検査に合格し、一七年八月の日本向け生産開始に間に合わせた。

　生産ラインに従事する二千五百人のうち、日本向けの塗装や検査などを担う七十人だけが「ＪＡＰＡＮ ＥＸＰＯＲＴ（日本輸出）」と記した制服やバッジを着ける。やる気を高める効果を期待したところ、一日当たりの生産体制が当初の四台から三十二台に増え、納期も六カ月待ちから四カ月待ちに改善した。

　日本からのダメ出しはバンポーだけでなく、サムロン、ゲートウェイ両工場の従業員も刺激する。

サムロンもハイラックスを造っており、サムロン製とバンポー製の二台を並べて、それぞれの従業員に比較させた。違いは明らかだった。「お互いに必死。同じ車を造っているから、負けたくない」と砂月は言う。工場間の競争意識も品質の高みへつながっていく。

7 販売店 親子で礎築く

会場中央の大型スクリーンに、タイトヨタが「伝説の人たち」と呼ぶ九人の姿が次々に浮かぶ。日本、米国に次ぐ三カ国目の累計生産一千万台を達成し、二〇一八（平成三十）年七月十一日に首都バンコク近郊のサムロン工場で記念式典が開かれていた。半世紀を超す足跡を振り返る約八分間のビデオ映像に、政府高官や取引先の来賓二百人の目が注がれた。

「タイ国内百五十五社の販売店にとっても一千万台達成は誇りだ。今後も顧客に最高のサービスを提供していく」。映像中のインタビューでカール・オッペンボーン（59）はこう答えた。

義父が一九七九（昭和五十四）年に設立した販売会社トヨタ・トンブリの社長を受け継ぎ、バンコクを中心に十三カ所のショールームを構える。毎朝八時半に出勤し、一時間以内に書類すべてに目を通してから、少なくとも二カ所のショールームを訪ねるのが日課となっている。

「現地現物」をトップ自らが率先する。本紙の取材に「現場のスタッフたちと話をする時間が至福のひととき。顧客から直接、苦情を言われることもあるけどね」と笑う。

販売会社ウォラチャックヨントの取締役ターウォーン・スワンワニチキ(63)は、ビデオ映像で「当社の方針は顧客に対し、常に正直であること」と掲げた。トヨタ自動車が初の海外支店をバンコクに設けた二年後の五九年、ターウォーンの父が創業した古参の販売店でもある。

九七年のアジア通貨危機後、タイトヨタは販売が激減して赤字を計上した。翌年に資本金を八倍に増やす際、現地で出資辞退が相次いだが、ウォラチャックヨント社は満額で応じた。トヨタが困っていたら助ける。「生きていたら、そうするだろう」。他界し

サービス担当の従業員に積極的に声をかけるカールさん(右)
＝バンコクのトヨタ・トンブリで(山上隆之撮影)

ていた父の意を息子たちがくんだ。増資で得られた資金は、経営に苦しむ販売店や部品メーカーへの支援にも充てられた。

販売店も初めは雑貨屋や精米業などを営みながらトヨタに注文を取り次ぐ店が多かった。家族経営がほとんどで、リスク管理も旧態依然だった。今ではカールやターウォーンら欧米留学帰りの二代目三代目が、力を養いながら体質強化を図っている。トヨタの店同士の競争も激しくなった。

タイトヨタ社長の菅田道信（57）は、最初にタイで勤務した二〇〇六年から三年間、国内販売の責任者を任され、各地の販売店を飛び回った。新興国向け世界戦略車「ＩＭＶ」シリーズは立ち上げ間もないころで、輸出が優先されていた。「販売店から『売る車がない。なんとかしてくれ』としかられました」と懐かしむ。

タイ市場で約三割のシェアと販売トップを続けるのは、長年にわたって販売店と手を携えてきた証し。菅田は一七年四月に社長となり再び赴任すると、前回勤務から三十社以上増えた販売店をあらためて行脚している。

ＩＭＶ主力のピックアップ（荷台付き）トラックは、農産物や農機具を運ぶ田舎の働くクルマから、都市の街中を疾走するしゃれたマイカーとしての利用が増えてきた。

変わりゆく消費者需要にきめ細かく応える近道は「販売店の声をしっかり聞くこと」と信じている。

8 信頼生かし　続く挑戦

くしくもタイ進出から六十年の節目だった。トヨタ自動車の新組織が二〇一七（平成二十九）年一月、首都バンコクに隣接するサムットプラカーン県に誕生した。

「トヨタ・ダイハツ・エンジニアリング・アンド・マニュファクチャリング」（ＴＤＥＭ）。研究開発と部品調達を担う従来のアジア拠点に、子会社のダイハツ工業に委ねる新興国向け小型車づくりを支える前線基地の機能が加わった。

「タフさや力強さなど、現地の好みに寄り添う形で、車のデザインを変更し、開発できるようになってきた」。総勢二千五百人が働くＴＤＥＭを担当するトヨタ常務役員の松田進（53）は、技術者の成長に手応えを感じている。新型車の開発に全責任を負うチーフエンジニアを務められる若手も育ってきた。

松田はダイハツとの連携の進化を重点課題に挙げる。軽自動車で培われた良品廉価のダイハツの強みは、どうすればトヨタの車づくりに融合できるか。「いずれは一緒に開発し、一緒に売るという段階に持っていかないと」と前を向く。

東南アジアは女性の社会進出が進んでおり、かつての日本のように小型車の需要が高まっていく。ダイハツとの協業は重みを増す。

タイトヨタも女性が運転する場面を意識して宣伝に使っている。社長の菅田道信（57）は「既にアジア市場は女性が引っ張っている面がある」と感じる。たびたび接見するシリントン王女とは「女性の活躍」がよく話題に上がる。

タイ市場で三割のシェアを持つトップメーカーには、ハイブリッド車（HV）をはじめ環境車の普及に加え、人工知能（AI）やモノのインターネット（IoT）といった生産革命への期待も高い。

タイトヨタ会長のニンナート・チャイティーラピンヨウ（71）は「マーケットリーダーとして国の課題に取り組む必要がある」と言い切る。部下には「現地現物」で社会の問題を吸い上げるように指示している。

バンコク名物の渋滞がその一つ。プミポン前国王は一六年に死去する前、病室から渋滞のひどさを観察し、高速道路の拡張を助言するほど案じていた、とニンナートは明かす。

トヨタはタイ政府などと協力し、車の流れを「見える化」することで渋滞の解消につなげる実験を続けてきた。一七年末からは一人乗り電気自動車（EV）のシェアリング（共有）テストに乗り出した。

一八年六月、ライドシェア（相乗り）や配車タクシーの東南アジア最大手、グラブ（本社シンガポール）に千百億円の出資を決めたのも、渋滞や排出ガス削減が念頭にある。

「大胆に、新しい取り組みを展開する場」。トヨタ中国・アジア副本部長も務める松田は、今後のタイを見据える。公的機関や販売店、部品会社などと、長い年月をかけて結んだ信頼関係が、財産として生きる時でもある。

タイで一七年に約五十二万台を生産し、約三十万台を輸出した。これからは車を造って売るだけではない。賢い車の使い方を提案できるモビリティー（移動）サービスを構築する。そして、ほかの新興国に広げる。トヨタは新たな使命を担っている。

タイ国立チュラロンコン大の構内で続く共有サービスの実証実験。超小型EVのコムスが使われている＝バンコクで（山上隆之撮影）

インタビュー

タイトヨタのニンナート会長に聞く

タイトヨタのニンナート・チャイティーラピンヨウ会長

タイトヨタは二〇一一年の大洪水をはじめ、さまざまな危機を経験してきた。ニンナート・チャイティーラピンヨウ会長（71）は「困難を乗り越えれば、再び上昇できるという教訓を得た」と振り返る。自動車産業が大きな変革期を迎えた今こそ「顧客のニーズの変化を感じ取ることが重要」と現地現物の大切さを説く。

（バンコク支局・山上隆之）

―入社の経緯から教えてください。

「チュラロンコン大学で機械工学を学び、一九七一年にエンジニアとして入社しました。トヨタは多国籍企業ですからコネが不要（笑）。実力で勝負できます。実家がかつてのバンコク支店の近くにあり、子供のころからトヨタに慣れ親しんでいました」

―最初の配属は。

「サムロン工場で自動車の床下のボルトを締めたり、緩めたりの仕事でした。日本人の上司に『実際に現場で働くと、従業員の苦労が分かるよ』と教えられて。おかげで工場の従業員と良い関係をつくることができました」

―トヨタ生産方式をタイ人従業員に根付かせるのに苦労しましたか。

「多くのタイ人は、（必要なときに必要な分だけを生産する）『ジャストインタイム』だけだと思っていた。もう一つの柱、（異常を感知したら機械が自動停止して不良品の発生を防ぐ）『自働化』がタイ人には理解が難しい。大学でもジャストインタイムしか教えられていませんでした。私は幸いなことに、日本人の上司が教えてくれ、貴重な経験となりました」

――現場で学んだ印象は。

「工場の生産活動に非常に役立つものだと実感しました。ムリ、ムラ、ムダをなくすという考え方は、私のプライベートにも有効でした。タイの役所を指導したこともあります。役所はムダが多いですから」

――タイは水害に悩まされてきましたね。

「海から水が押し寄せて自動車にかかると、さびが発生してしまう。それに対処するため電着塗装を八二年に導入しました。塗料を吹き付けるのではなく、タンクに浸して塗るんです。日本車のイメージも向上できました」

――二〇一一年の大洪水では一時、生産停止に追い込まれました。

2011年の大洪水で、救援物資を船で運ぶタイトヨタのニンナート氏（左から7人目のサングラス姿で座っている）ら（タイトヨタ提供）

「タイトヨタの三工場は浸水しませんでしたが、百社以上の仕入れ先が被災しました。工場が止まっていたとき、従業員には被災者の救援活動をしてもらいました。私も軍にお願いして軍用車にコメを積んで、被災者に配布しました」

――会長自身も被災現場に行ったのですか。

「はい。これをきっかけに、私は多くのタイ人に知られるようになりました。ある日、食堂に入ると、店員が『テレビで見ました』と言って、料理を大盛りにしてくれました。大洪水で感じたのは、タイ人の思いやりです。危機的な状況になると、タイ人は一丸となって活動をします」

――新興国向け戦略車「IMV」シリーズの累計輸出台数が三百万台を超えました。

「このプロジェクトは非常に良かった。〇四年の開始以前、タイトヨタは国内販売に力を入れていました。海外輸出も加わったことで、タイ国内の経済が悪くなったときも、われわれは輸出に力を入れることができた」

――IMVのピックアップ（荷台付き）トラック「ハイラックス」の日本輸出も進めていますね。

「とてもうれしかったことですね。日本の販売店や顧客にタイの品質が認められたのですから。『日本が認めた』ということで、今後は全世界のユーザーからの信頼が増すのでは」

―トヨタがタイ社会で強い基盤を持つ企業になったのは、なぜでしょう。

「豊田佐吉翁の精神を受け継ぎ、国の持続的発展に貢献するとの信念を持ってやってきました。高品質な商品でお客さまのニーズに応えることを使命としています。他社に先駆け、社会環境貢献活動も始めました」

―部品メーカーや販売店との関係は。

「一九八二年に三十二社の部品メーカーで設立されたタイトヨタ協力会は現在、加盟社が百七十二社に増えました。知識や経験の交流を通じて、生産性向上やコスト削減に取り組んでいます。販売店とも八〇年にタイトヨタ販売店クラブをつくっています。部品メーカーや販売店とともに成長していくという原則の下、各社と対話を重ね、問題を分析し、困難を早く乗り越えられるよう奔走してきました。各社との信頼関係が一層深まり、より強固な関係に発展しています」

——二〇一七年から初の生え抜き会長となりました。今後、どんな仕事が残っていますか。

「二、三年後に自動車だけでなく、すべての産業で大きな転換点を迎えます。ＩｏＴ、ビッグデータ、人工知能、さらには各国政府が促進する電気自動車（ＥＶ）。車をたくさんつくって走らせることで渋滞問題や気候変動の問題も。トヨタはタイ市場で最大のシェアを持つメーカーとして、これらの課題に取り組まなければならない。部下たちには『現場で起きていることを見てきなさい』と言っている。現地現物です。お客さまのニーズの変化を感じ取ることが重要です」

第三章 興せ産業

日本が経済大国へ成長した1970年代、発展途上のアジア諸国に進出し、その国になかった産業を興した中部のメーカーがある。韓国ではリンナイのガス機器、スリランカではノリタケカンパニーリミテドの洋食器が、それぞれ暮らしや経済を変えた。両社が「われらが企業」と認められた訳を探る。

1 リンナイ編(上)
「情」ともし 心つかむ

初めはフランス語かと思われた。「リンナーイー」。日本よりも後半に声が伸びるフレーズがCMの最後に流れる。耳に残る響きはリンナイを韓国ブランドとして知らしめていく。

現在、ガスコンロなど厨房《ちゅうぼう》機器はシェア40%とトップ。床暖房用のガスボイラーも28%で二番手につける。韓国でのリンナイの歩みは、ガスの普及の歴史と重なり合う。

一九七二(昭和四十七)年、チマ・チョゴリを着た女性が、コンロのつまみをひねって点火した。朴正熙《パクチョンヒ》大統領夫人、陸英修《ユクヨンス》(故人)だった。ソウル南部でプロパンガス工場の完成式に出た後、一般の家庭で「青い炎」をともし、笑みをたたえた。

ガスは前年に試験供給がソウルで始まったばかり。その本格供給に向けたセレモニーで使われたコンロは、自社製だったと名古屋市のリンナイ本社に伝わる。韓国で当時、手がけるメーカーはなかった。まだリンナイも拠点を設けていない。ただ、高い関税を避けて製品をばらして輸入し、組み立て直す業者がいた。しかも高値で売れていた。

1984年の完成から間もないリンナイコリア第2工場＝韓国・仁川で(リンナイ提供)

日本のガス機器大手の技術の確かさに、貿易商の姜聖模《カンソンモ》(85)も目を付けた。ライターなどの小物を輸入する中、東京の展示会でリンナイ製品を見つけ、営業所に飛び込む。「韓国で売らせてくれ」。部品の輸入から始め、七四年にリンナイと合弁会社「リンナイコリア」を仁川《インチョン》に起こす。翌年、韓国で初となるガスコンロの量産に乗り出した。

折しも近代化を進める韓国政府が、家庭にガスを普及させるための法律を整備し、ガス機器の需要が一気に高まっていく。通算で四半世紀近く駐在した水野隆行(70)は、今はリンナイコリアから離れた姜の言葉を覚えている。「情と恨みを忘れるな」。情が信頼関係をつくり、信頼がなくなれば恨みにつながる。だから顧客を絶対に裏切ってはいけない、と。

競合相手が出てきた七九年、業界初のアフターサービス組織を設けた。「電話になかなか出ない」「つながってもいつ来るか分からない」。そんな状況を変えるため全国の拠点から修理要請に応じた。

問い合わせ電話番号の末尾は「３６５１」。韓国語で「１」

の発音は「日」と同じで、年中無休の応答を意味した。

他社製を使う家まで訪ね買い替えも受注するうち、四十キロほど離れたソウル近郊の販売代理店が入荷を待ちきれなくなる。工場の外でトラックが列をなし、水野は「製品を奪い合うくらい供給が需要に追いつかなかった」と懐かしむ。八四年には第二工場が建つ。営業の倍の二百人以上を販売後のケアに充てた。

テレビ、洗濯機、リンナイー。嫁入り道具の「三種の神器」に挙がるほど、リンナイはガス機器の代名詞となる。

この頃、韓国伝統の床暖房の「オンドル」は事故が絶えなかった。練炭で暖めて床下にはわせる煙が室内に漏れると、一酸化炭素中毒で死者が出ることも。使用済みの練炭は路上に捨てられ公害と化していた。

煙に替え、お湯を使う床暖房を普及させようと、リンナイコリアは日本のリンナイに給湯器の燃焼技術の転用を提案する。排気対策を講じたガスボイラーを八七年から量産していく。

いてつく寒さで暖房が止まれば生死に関わるため、冬季の二十四時間サービスもいち早く導入した。「消費者の心をつかむ改善」と水野は振り返る。顧客に寄り添う姿勢は他社にも影響を与えた。

メモ **リンナイコリア** リンナイの韓国法人で1974年、貿易商の姜聖模ら韓国側との折半出資で設立。2013年からリンナイが100％出資している。17年12月期の売上高は349億円、純利益は

4億9900万円。売上高のうち、ボイラーなど給湯機器が55％、コンロなど厨房機器が25％。従業員は約950人。

2 リンナイ編（中）品質こそ命　原点徹底

聖火ランナーの腕が高々と韓国・ソウルの空にかかげられた。「よし、今だ」。社員が聖火台の下でモニターを見ながらランナーの動きに目を凝らし、タイミング良くスイッチを押すと、炎が真っ赤に燃え上がった。

一九八八（昭和六十三）年のソウル五輪で、リンナイの合弁会社「リンナイコリア」は、技術力を訴える絶好の機会として聖火台を造って寄贈した。赤い炎がともった瞬間、仁川《インチョン》の本社ではテレビ中継を心配して見守る社員から歓声が上がった。

ガスコンロでガスを完全燃焼させると炎は青い。だが、聖火台の炎は赤くないと見栄えが悪い。そのためにガスを不完全燃焼させる必要があ

リンナイコリアが寄贈したソウル五輪の聖火台
=リンナイ提供

り、製品で追求する技術とは真逆の新たな挑戦だった。リンナイコリアは、ガスの燃焼を知り尽くした精鋭五人の特命チームを結成し、大きく赤い炎を大会中の十六日間、安定して燃やし続けた。国の近代化を世界にアピールする五輪の舞台で失敗は許されない。聖火台プロジェクトに手を挙げるメーカーはほかになかった。リンナイコリアの技術と品質はそれほど抜きんでていた。

「消費者は私たちの恩人だ」。現社長の姜栄喆《カンヨンチョル》(63)は入社した八三年、従業員の左胸にあったワッペンの文字を鮮明に覚えている。日本のリンナイ前会長の内藤明人がしたためた原点思想「品質こそ我《われ》らが命」も工場や事務所に掲げられていた。姜は「韓国では会社のことがすべてという考え方が当たり前だったので感銘を受けた」と語る。

七四年の設立時に集められたのは、当時の韓国で主流だった石油コンロを生産していた技術者たちだった。現地で開発と生産を担わせるため、日本からは技術職の駐在員だけでなく、プレス板金や金型鋳造などの担当者が頻繁に指導に訪れた。

内藤も二〇一七(平成二十九)年三月に亡くなるまで、たびたび海を渡った。「品質が完璧でなければ事故につながるから、消費者に使わせてはならない。不良品はゼロでなければならない」。朝礼で安全第一を説いてきた。

姜が開発・生産本部長だった時、内藤は工場を見て「なんで在庫がこんなに多いんだ」と叱り、生産ラインの改善を手ほどきした。

姜は「会長は雲の上の存在で、顔も上げられなかった」と振り返る直接指導を経営に生かす。

量産が続くガスコンロの組み立てライン＝韓国・仁川で（曽布川剛撮影）

〇七年に在庫管理システムを導入した時は、部品会社や販売代理店の反発もあったが、売れる分だけ生産するよう徹底した。三年ほどかけて定着させ、在庫を半減するとともに売り上げ増につなげた。月に一度ある「品質の日」には、役員全員が生産現場の改善提案やコールセンターに寄せられる顧客の声に耳を傾けている。

今、ガスコンロの組み立てラインは整然とし、従業員が手元に置いた部品を素早く組み付けていく。ねじ一つの締め間違いや目に見えないほどの傷も見逃さない。「品質は心。皆が同じ心で作業に当たらないと事故につながる」。姜がたたき込まれた品質へのこだわりが、消費者の信頼をさらに高めた。

3 リンナイ編（下） 現地が主役　信頼築く

韓国・ソウル中心部の家電量販店で、ガス機器売り場を訪れた主婦がガスコンロを品定めしていた。「リンナイ製品は安全だからいつも使ってるわよ」

十九年連続の「ブランド力指標」一位、十年連続の「顧客が最も推薦する企業ナンバーワン」。リンナイ製品のポップ広告には、評価機関による表彰実績を示すマークが付いている。並んでいるコンロのバーナーの多くは幅六・五センチで、他社より三センチほど狭い。「最近は一人暮らしの若者や二人暮らしの高齢者が増えて小さい鍋を使うことが多い。火力が同じならリンナイを選びますよ」。内部に異物が混入しにくいつくりも人気の理由だと店員が説明していた。

現地法人のリンナイコリアは、もうすっかり韓国の企業とみなされている。アフターサービスや品質に加え、韓国人の暮らしや好みに合わせた製品を投入してきたことが大きい。

家で魚を焼くのに日本はコンロに付いたグリルを使うが、韓国ではフライパンで焼くことが多く、グリルのないタイプが標準化した。コンロは日本よりも大型で、ワインレッドやオレンジなど派手

家電量販店に並ぶリンナイコリアのガスコンロ＝ソウルで（曽布川剛撮影）

な色が好まれる。

一九八〇年代、韓国人の経営トップは「生きた目で市場が何を求めているのか見極めろ」と従業員に呼び掛けてきた。製品企画や営業、アフターサービスを現地ですべて担い、日本からの駐在員はずっと技術や総務の二、三人だけだ。

「需要のあるところに生産拠点を構え、現地の考え方を尊重して生活文化の向上に貢献する」。リンナイ会長だった内藤明人（故人）の教えも、「消費者ファースト」を貫く精神の支柱となった。

前常務執行役員の吉田雄三（64）が「たとえ価格が高くなっても、ブランドと商品力があれば、どの国でも負けない」と語るように、韓国での成功体験は巨大市場の中国でも生かされている。

「市場と流通をつくるのがうまいリンナイコリアから学んだ部分は大きい」と、中国現地法人「上海林内」の総経理（社長）の進士《しんじ》克彦（60）は実感している。五年間の韓国赴任が終わると、九三（平成五）年に設立された上海林内のトップに就いた。

合弁相手の上海ガスから任された販売事業では当初、百貨店が得意先だった。中国の経済成長とともに、個人商店、家電量販店、インターネットと市場が目まぐるしく変わった。その都度、販売代理店や直売といった流通体制を見直した。

リンナイの海外での売上高は長くコリアが首位だったが、二〇一五年から上海が上回っている。経営方針は、進士と上海ガス出身の副総経理の二人で主に決める。一七年三月から操業する新工場の用地取得は、上海林内だけでは交渉が難航し、地元政府と関係が深い上海ガスを頼った。

リンナイは日本の市場低迷を見据え、これから中国や米国などで事業の拡大を図っていく。「パートナーと組んで一緒に工場をつくって販売していく。このパターンがないと海外でうまくいかない」。内藤の娘婿で社長の弘康（63）は、培ってきた経験を鉄則として掲げる。

インタビュー

リンナイの内藤弘康社長に聞く

リンナイの内藤弘康社長

リンナイ（名古屋市）は、売上高に占める海外比率を二〇一七年度（一八年三月期）の約49％から二〇年度には約55％へ拡大することを目指している。事業展開する八十カ国のうち、一九七〇年代に進出した韓国だけでなく、中国、インドネシアなどのアジアは、最も重要なマーケットの一つ。アジア市場について、内藤弘康社長（63）に聞いた。

（曽布川剛）

――海外事業を重視する理由は。

「国内市場はかなり成熟してきていて、人口もこれから減っていく。海外の重要性はどんどん増してきています。売上高で見ても近年、国内は横ばいが続いていますが、海外はトータルで10％以上の伸びを示しています」

「同じ海外でも日本のようにかなり早くから成長した市場と、まだこれから広がっていく市場があります。どちらかと言うと韓国は前者で、かなり成熟していますね。一方、中国は経済成長とともに市場がどんどん伸びています。米国も給湯器で、従来の貯湯式から、日本で一般的な瞬間湯沸かし式への切り替え需要が高まっています。今後、この二カ国の伸びが期待できます」

――海外で成功できる理由は。

「信頼できるパートナー企業を見つけて一緒に事業展開しています。多くの場合、お互いが50％ずつ出資することで事業の方向性を合わせられるし、信頼関係も生まれるからです。いわば運命共同体。合弁会社がうまくいくように、リンナイは技術をすべてオープンにしていますし、投資が必要な時期は配当も求めません」

――アジアには早くから進出した。

「海外現地法人の設立は、一九七〇年の台湾が最も早い。その後、マレーシア、韓国と続きました。韓国では、内藤明人・前会長と現地パートナーの姜聖模氏が意気投合して事業を始めました。幸運にもパートナーに恵まれたと言えます」

「いつ、どの国に進出するかは、前会長の直感によるところが大きかったのですが、事業を通じて雇用を生み、現地の社会に貢献することを重視しています。そのために当初から現地の文化、生活、考え方を尊重し、現地が事業運営を主導してきました。そうすることで信頼関係も築けたんです」

―特にアジアで考慮する点は。

「東南アジアでは華僑の力が強い。独自のネットワークを持つので、パートナーが華僑だと事業もうまく運びやすいですね。最近でも、売り上げが伸びているインドネシアの新工場の用地について、華僑のパートナーが格安の土地を見つけてきてくれたんです」

―現地流の経営をする一方、品質重視の姿勢は海外でも変わらない。

「ものづくりに関しては、日本流のやり方を貫いています。アジアだけでなく、欧米のパートナーも、リンナイの技術、ものづくりには一目置いてくれ信頼されているからこそ、海外でもうまく事業運営できるんです」

4 ノリタケ編（上）　文化の壁　粘りの指導

洋食器を運ぶコンベヤーの音が静かに響く。傍らで女性たちが、白磁の器に金線を引いていく。一筆が良しあしを決める。その絵付けの出来栄えは本のデザインと違わない。器の裏に「Ｎｏｒｉｔａｋｅ」の文字が刻まれていく。

スリランカ中部の地方都市マータレーにノリタケカンパニーリミテド（名古屋市）の子会社「ノリタケランカポーセレン」の工場はある。最大都市コロンボから北東へ百四十キロ離れた地で、今ではノリタケ製洋食器の九割を生産している。

「タイで輸出用の洋食器製造を意図して調査したが、良質原料が入手困難で取りやめを検討している」。一九六〇年代後半、シンガポールの新聞が、まだ社名が日本陶器だったノリタケの動向を報じた。

小さな扱いの記事だったが、後にスリランカとなるセイロンの政府関係者が目を留めた。農業国で工業製品の大半を輸入に頼っていた。慢性化し

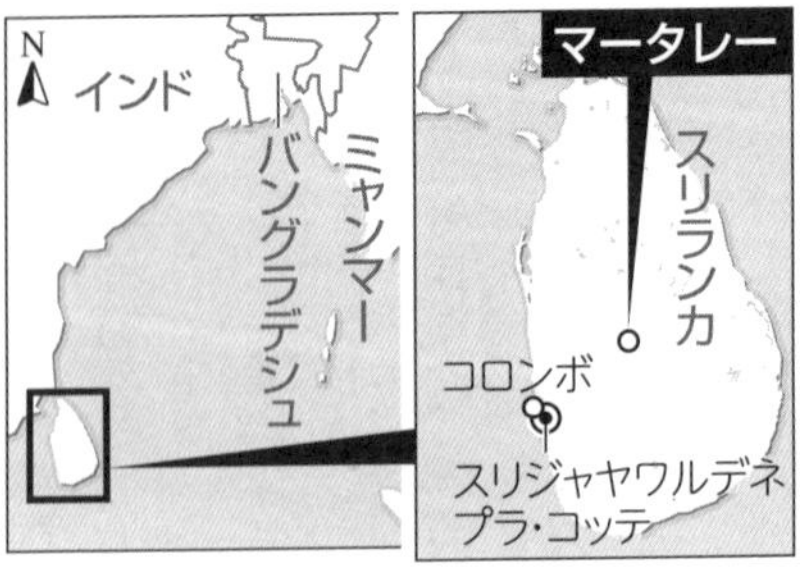

完成間もないランカポーセレンの工場。スリランカ政府関係者も視察に訪れた＝1973年、スリランカ・マータレーで（ノリタケカンパニーリミテド提供）

ていた貿易赤字から脱却するため、新たな産業を欲していた。政府関係者はすぐさまノリタケに進出を迫った。

ノリタケは日本で労働単価が上昇し、海外進出を模索していた。南アジアの島国を選んだのは「良質な原料がふんだんにあることが決め手になった」と、元専務で駐在経験がある土森《ともり》道雄（72）は振り返る。硅石《けいせき》、長石、カオリンと白磁に必要な三大鉱石がそろっていると現地調査で分かった。

進出交渉を進める間、七一（昭和四十六）年の「ニクソン・ショック」で為替の固定相場制が事実上崩壊し、日本からの輸出に円高の逆風が加わる。セイロンが国名をスリランカに変えた七二年、ランカポーセレンが設立される。政府直営の陶磁器公団が七割超を出資し、ココナツ畑を切り開いて工場を建てた。

現地で募った百人ほどが従業員となり、日本からベテランの指導員が派遣された。「仕事以前に工場の掃除から教えた」と、相談役の種村均（70）＝前会長＝は伝え聞く。自宅にバナナの葉を敷き詰めて寝起きする人が多く、家を掃除する習慣に乏しかった。ぞうきんやほうきを日本から持ち込むほどだった。

食器づくりは手先が器用な女性が向いている。ところが男女の触れ合いを禁じる仏教の戒律が待ち受けていた。「指導する男性が女性の手に触れようものなら、声を上げられてしまったようだ」と種村は言う。手ほどきの難しさを感じながら、粘り強い指導が続いた。

当時の担当役員で元社長の倉田隆文（故人）が書き残した本紙コラム「紙つぶて」によると、最初の指導員は六人で、うち一人が「現地作業員のまじめさについて認識不足だった」と帰国報告書に記している。従業員らが一年間に習得した技能水準は、絵付けの品格と作業スピードを併せ、日本の本社を百とすれば六十五程度に達し、思った以上にのみ込みが早かった。安い量販食器として輸出すると、米国の中流家庭に受け入れられた。

八〇年代、最初の指導員らが工場を再訪すると、従業員たちが「昔の大先生が来た」と周りを取り囲んだ。同行した種村は「彼らの態度、指導が素晴らしかったから、尊敬されて多くの弟子をつくった」と先人をたたえる。

5 ノリタケ編（中）
内戦越え　足場固める

　工場を軌道に乗せて十年余り。ノリタケカンパニーリミテドの海外事業課長だった土森道雄(72)は一九八四（昭和五十九）年夏、ある「任務」を携え、スリランカに足を踏み入れた。前年から民族対立による内戦が起きていたが、それが理由ではない。パートナーの陶磁器公団との火種がくすぶっていた。

　合弁会社「ランカポーセレン」は主に北米向けに洋食器を輸出していた。製品の八割をノリタケが購入し、自社ブランドの入門編として販売した。標準の皿なら約十ドルで買い取り、輸送費、北米での保管費や販売員人件費などを加えると、店頭で四倍以上の値が付いた。「それでも日本製より安いので、飛ぶように売れた」と土森は語る。

　ただ、販売単価に流通コストを上乗せする概念は、農業しか主要産業がなかったスリランカではなかなか理解してもらえない。経営感覚のずれを解消することが、土森の任務だった。

　交渉相手となった政府の弁護士らは、買い取り価格の引き上げを求め厳しい口調で問い詰めてきた。土森は解決の難しさを肌で感じた。「われわれは商売の論理でしか付き合えないが、ここではそれが通じにくい」

社長だった倉田隆文（故人）は直接、何度も指示を出した。「ノリタケの食器事業の将来を考えれば、スリランカは今後さらに重要な拠点になる。粘り強く交渉してほしい」。トップの思いに、土森は「やらざるを得ない」と腹を固める。三年超を費やした交渉は、政府側が矛を収める形で折り合う。ノリタケが合弁会社の出資比率を増やす約束も得られた。

これからという時、民族間の対立が激しくなり、各地に内戦の戦火が広がった。武力衝突でインフラは傷つき、相次ぐ戒厳令の発出が工場にも影響を及ぼしていた。八八年には機関銃を持った反政府勢力が工場へなだれ込み、操業停止とデモ参加を強要する事件まで起きた。

内戦のあおりを幾度か受け、工場は最長で三カ月間も止まった。だが、もうノリタケに「撤退」の二文字はなかった。工場近くには政府側の警備隊の駐

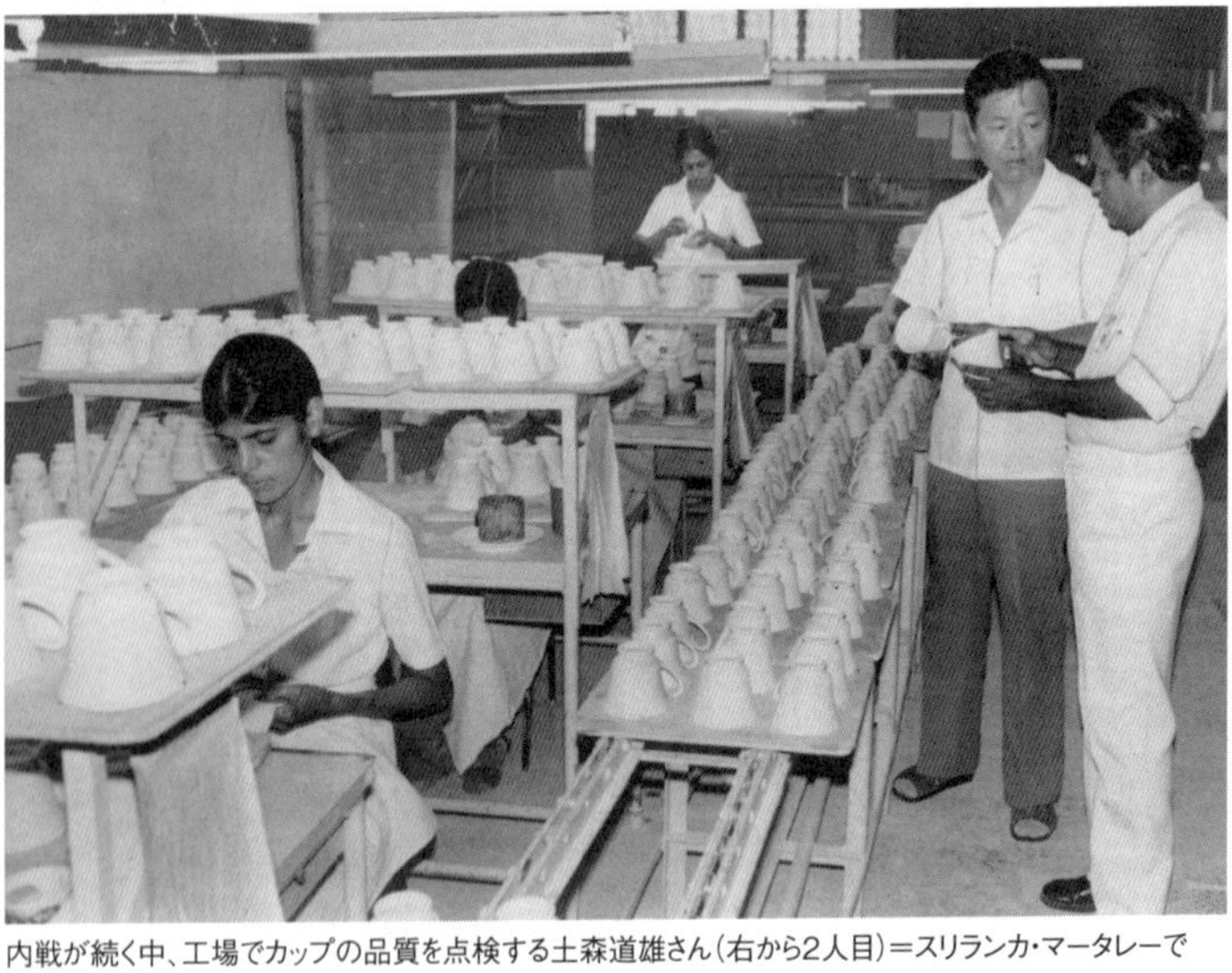

内戦が続く中、工場でカップの品質を点検する土森道雄さん（右から2人目）＝スリランカ・マータレーで

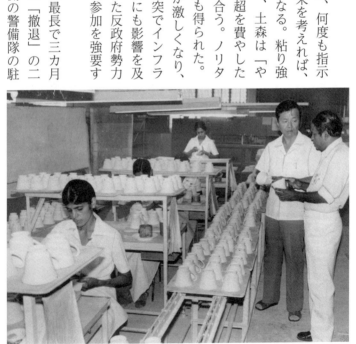

屯基地ができた。一時は確執が生じた陶磁器公団が掛け合ったおかげだった。土森は「大きな後ろ盾が操業に安心感を与えてくれた」と感慨深い。

駐日スリランカ特命全権大使のダンミカ・ガンガーナート・ディサーナーヤカ(60)は二十代のころ、母国から多くの海外企業が撤退するのを見てきた。「内戦が長引き、経済的に苦しい時代も操業を続けたノリタケに、国民は感謝の気持ちを持っている」

内戦は二〇〇九(平成二十一)年まで二十六年にわたったが、ノリタケは度重なる難局を乗り越え、食器生産の主要拠点としての足場とスリランカでの確かな地位を固めた。

スリランカは今、経済発展が進み、中国をはじめ海外企業の進出も目覚ましい。ディサーナーヤカは「ノリタケの姿が手本となり、多くの企業進出につながった」とみている。

メモ　**スリランカ内戦**　主にヒンズー教徒の少数派タミル人で構成し、北東部の分離独立を目指す「タミル・イーラム解放のトラ(LTTE)」と、仏教徒中心の多数派シンハラ人が主体の政府が1983年ごろから武力衝突。LTTEは自爆テロなど過激な手法を用い、政府軍との抗争が激化。内戦状態は2009年まで続き、7万人以上の死者を出した。スリランカにはイスラム教徒もおり、内戦後も宗教対立が根強い。

6 ノリタケ編（下）
白く軽く　新境地開拓

名古屋市内のノリタケ直営店に並ぶ白磁の中で、ひときわ白さを感じさせた。ノリタケカンパニーリミテドのスリランカ子会社「ノリタケランカポーセレン」が製造する洋食器「シェールブラン」だ。フランス語で「親愛なる白へ」を意味する食器は、使い手の愛着が増すよう考え抜かれている。白さだけでなく普段使いの軽さにもこだわりがある。

白くて、軽い白磁の器はこれまで世の中に存在しなかった。業界の常識では、原料や焼く温度などがかかわり、白磁はそれなりに厚みがあり、重くなる。あえて非常識に挑んだのはノリタケの将来がかかっていたためだった。

戦前からノリタケは高級食器の世界ブランドとして名高いが、時代とともに転換の波が押し寄せていた。生活習慣や家族構成の変化、景気の変動を受け、食器事業は業績を落としていった。国内製造中心では採算が合わず、二〇〇八（平成二十）年、大半の生産をスリランカに集約すると決めた。

国内で製造していた多種多様な食器の生産を移すことは「大量生産よりも、さらに高い技術力が必要」と、会長の小倉忠（67）は難しさを挙げる。スリランカが世界品質の主力工場になりえるか

スリランカで製造している白さが特徴の洋食器「シェールブラン」
＝名古屋市西区のノリタケスクエア名古屋で

の試金石が、全く新しい食器づくりだった。

開発は〇八年から本格化した。日本人技術者たちが原料の調合を一から練り、現地の窯で何度も試作した。かつてない白さの生地は、少しの鉄粉が混じっただけで焼いた跡が黒点としてくっきり現れ、仕上がりを台無しにした。かつてない軽さを実現しようと成形から生地を薄くすれば、移動させただけで派手にいくつも割れた。

「ただ、この難しいレベルを克服できる工場でありたかった」。男性社員のジーピーケー・テンナコン(53)はよどみない日本語で当時の思いを語る。

スリランカの人々は勤勉で集中力が高い。すでに技術は確かだったが、白さと軽さの両立は職人泣かせだった。日本人技術者と作業から検査までの手順をくまなく見直した。

鉄粉のような空気中の不純物が混ざらなくするため、成形した生地にカバーをかけて搬送する。生地の置き方にも細心の注意を払う。試作を繰り返すこと四年、ようやく一二年に初出荷できた。技術者の後藤康博(49)は「主力工場として十分な技術力を示せた」と、現地の職人と力を合わせてきた成果に胸を張る。

不可能を可能にした自信を糧に、ランカポーセレンは新たな境地に立っている。小倉も「市場で何が求められているかを製造と営業の両サイドで議論し、進めるようになってきた」と手応えを示す。シェールブランに続くカジュアルな洋食器を開発するとともに、インドなどの新興国向けに特別なディナーセットをつくっていく。

「本当の意味でスリランカはノリタケの工場になってきた。だからこそ、食器事業は再生できる余地がある」。今は食器事業の赤字が続いているが、小倉に不安はない。

メモ　ノリタケランカポーセレン　ノリタケカンパニーリミテドのスリランカ法人で1972年設立。「ランカ」はスリランカ公用語のシンハラ語で「島」を意味し、古くから国土の島そのものを示すとされる。「ポーセレン」は英語で磁器の意味。当初は現地の陶磁器公団と合弁だったが、今はノリタケが100%出資している。従業員は約1250人。

インタビュー

ノリタケの小倉忠会長に聞く

ノリタケの小倉忠会長

ノリタケカンパニーリミテド（名古屋市）は、約四十五年前に進出したスリランカの工場を主力拠点に育て、今やノリタケ製洋食器の九割を生産している。スリランカとの関係や食器事業の将来について、小倉忠会長（67）に聞いた。

（酒井博章）

―スリランカにとって「ノリタケ」は特別な存在のようですね。

「スリランカは長く内戦状態でした。主戦場は北部でも、中部にある私たちの工場まで影響があった。近くの密林で犠牲者が見つかった時期があったし、従業員が外出できない時期もありました。それでも撤退せず、操業を続けたことが高く評価されています。ノリタケを自国の大切な企業だと思ってくれていることがうれしい。スリランカの政府関係者が海外に行く際の手土産にノリタケの製品が使われていると聞いています。国の誇るべき製品だと捉えてくれ、光栄です」

―スリランカ工場は今や主力工場です。

「日本と米国が高級食器の大きな市場でした。生活習慣の変化で二十年前と比べ、規模は十分の一程度にまで縮小し、国内外にあった工場の運営が厳しくなった。集約先を考えた時、労働条件が良く、労働者も勤勉で、何より親日国だったスリランカを選ぶことが決まりました」

―集約は一筋縄でいかなかった。

「日本国内の工場で作っていた製品にも対応できるよう、大量生産から少量多品種へスリランカ工場の機能を切り替えました。現場は混乱し、製品が思うように出てこない時期もありましたが、工場の技術力アップと同時に従業員らの意識改革に取り組みました。『ノリタケの主力工場として世界一の食器工場にしよう』と方向付け、従業員の軸を合わせたんです」

―食器事業は近年、赤字が続いています。今後をどう考えていますか。

「食器事業は存続させたい。ノリタケのブランド力は食器が発信しています。食器だけが性別に関わらず知ってもらえ、海外でも知名度がある。知らない会社に新しいものを売り込む時、食器のブランド力でノリタケを信用していただいているので商談に持ち込める。これは何事にも代え難いことです」

「これからもスリランカの工場は残します。最近、スリランカの人たちは自分たちが何を求められているか、営業部門と積極的に議論するようになってきました。工場設備についても自分たちで欧州の展示会を視察し、取り入れようとしている。本当の意味でノリタケの工場になってきた。カジュアルな洋食器に加え、さまざまな色や形の品ぞろえを増やし顧客満足度を高めようとしていますが、なかなか黒字化は難しいでしょう。ただ、こうしたスリランカの動きがあるからこそ、食器事業は再生の余地があると思っています」

第四章 海峡を越えて

産業と暮らしを支えるエネルギー資源は、時に国家間の軋轢《あつれき》を生むほど世界経済の行方を左右する。その大半を輸入に頼る日本では、かつて企業が海をまたいで前例のない行動に出た。一方、国内で半世紀超の安全神話を誇る新幹線は、乏しい資源に代わって輸出されるようになった。エネルギーやインフラを巡る中部企業の苦闘を追う。

1 出光・東海銀行
石油一滴は血の重み

灼熱《しゃくねつ》の海原に危険を冒してタンカーを送ったのは金もうけのためではない。

「石油一滴は日本にとって血の一滴」と信じるからこそ言葉も激してしまう。出光興産の創業者で社長の出光佐三（故人）は、「あなたは昭和の紀伊国屋文左衛門だ」と持ち上げる記者をねめつけた。「お門違い、迷惑千万だ」

一九五三（昭和二十八）年四月十日、出光のタンカー「日章丸」が石油買い付けのため、イランのアバダン港に入ったとの電撃的なニュースが世界を駆け巡った。

イランは二年前に石油を国有化し、国内にある英アングロ・イラニアン（現BP）の施設を取り上げていた。英国はイラン沖に軍艦を派遣し、石油の積み出し阻止に動く。その軍事封鎖の網をかいくぐって日章丸は

ペルシャ湾の奥にたどり着いていた。

翌日に東京の本社で開いた会見で佐三は雄弁だった。「公正で自由競争の石油市場をつくる」。欧米資源メジャーが牛耳る国際カルテルを破り、日本に安いエネルギーを届けたい。「紀州のミカンを江戸に運んでもうけた紀文の商いとは格が違う」と思っていた。

イラン石油を積み込んだ日章丸は、往路で通った英国支配下のシンガポールそばのマラッカ海峡を避け、ジャワ島沿いのスンダ海峡を抜けて日本に戻った。英国の圧力に屈しない出光の行動に、敗戦国の日本は沸き立つ。それでもイランとの取引継続に大きな壁が立ちはだかっていた。

貿易には銀行が取引先を保証する信用状が必要で、邦銀が信用状を発行すれば英国の怒りを買うのは確実だった。初回は、国際業務に明るい東京銀行（現三菱ＵＦＪ銀行）が米国を介してイラン向けに

1953年、イランのアバダンに入港した日章丸。遠方に製油所が見えた＝出光興産提供

信用状を発行して乗り切っていた。

二回目は英国の圧力が格段に強まる。「何とか、お力添えを」。出光が名のある大手行に懇願してもナシのつぶて。既に日章丸はイランへ向かっていた。

佐三は夜行列車で名古屋に降り立ち、栄にあった東海銀行（現三菱ＵＦＪ銀行）の本店を訪ねる。迎えた常務木下正美の答えは、意外にも「やってみよう」だった。日本が石油を求めて開戦した太平洋戦争中、陸軍主計大尉だった木下は乗り込んだ輸送船を撃沈され、南海を漂流した。「石油一滴」の重みを知っていた。

出光の社史によると、イラン石油の輸入を開始後、日本のガソリン市況は一リットル当たり二・五円、灯油も三円ほど下がった。イラン政府が出光の買い付けを意気に感じ、代金を国際相場の半額にした恵みでもあった。

東海銀はまだ海外に支店がなかった。「戦後の復興期で攻めの経営姿勢もあったのだろう」と、木下の長男で元出光社員の正捷《まさかつ》（80）はおもんぱかる。六二年に副頭取だった木下が急逝すると、佐三は追悼集にこうつづった。「私どもが正しく歩いておれば、木下さんは必ず認めてくれた」

出光は石油元売り大手へ成長を遂げる。大型コンビナートの先駆けとなる中部電力の尾鷲三田火力発電所（三重県尾鷲市）には、燃料の石油の供給に参加した。

東海銀は主力行として出光との結びつきを深める。元専務の沢木秀夫は生前、出光の重役に「恩義を感じているから取引を続けている」と聞かされていた。

日章丸事件から半世紀後、新たに台頭したエネルギーの天然ガスを巡り、産出国と対峙する企業が中部に現れる。

メモ **日章丸事件**　石油を国営化したイランは英国による経済封鎖に抗して各国の企業に石油取引を持ち掛けた。出光興産は欧米の資源大手が経営参画していないためイランとの交渉が可能だった。出光佐三は、東京の旧帝国ホテルの地下グリルでイラン側と接触し、取引に前向きになったとされる。日章丸のイラン入りは極秘で、船内でも航海の途中まで船長の新田辰男（石川県白山市出身）らしか知らされなかった。近年、百田尚樹著の小説『海賊とよばれた男』（講談社）で再び注目された。

2　中部電力（上）　掟破りのLNG取引

招かれざる客だと自覚していた。冷や汗が首を伝った。「気温のせいじゃない。オレ自身が熱くなっている」。まだ三十七歳だった中部電力燃料部の佐藤裕紀は日の丸柄の扇子を取り出すと、自らを鼓舞するように顔をあおいだ。

二〇〇〇（平成十二）年六月、佐藤はインドネシアの首都ジャカルタにいた。「貴社から買ったLNG（液化天然ガス）を台湾と中電で交換することを認めてほしい」。朝方、インドネシア国営資源会社プルタミナの副総裁室に乗り込んで切り出す。

「荷揚げ港の変更はできない。契約の通りだ」。副総裁はのっけからノーを言い渡すが、佐藤はひるまない。副総裁の秘書が退出を促すのも無視し、覚悟を告げた。「首を縦に振ってくれるまで帰らない」。立てこもりが半日を過ぎ、副総裁はついに折れた。

その夏、プルタミナから台湾に届くはずだった二十四万トンのLNGは中電が引き取り、中電は時期を改めて同量を台湾側に返す契約変更がまとまった。

「世界で初めてLNGの荷揚げ港制限が解かれた」

中日新聞が中電と台湾のLNG交換取引が成立したと特報し、海外の通信社も、国際的な商慣行に風穴をあけた衝撃を打電した。

中電が火力発電の燃料などに調達するLNGは年間最大一兆円に迫る。産出国とは十～二十年の長期契約を結ぶ場合が多く、毎年一定量を契約通りに引き取らねばならない。得意客であっても荷揚げ港の変更や他社への転売はタブーで、消費できなければ余剰在庫となって経営を圧迫する。

「交換取引ができればＬＮＧ調達が弾力化する。東アジア全体で電力やガスの料金が抑えられる」。佐藤はかねて東アジア各国がＬＮＧを融通し合う未来を思い描いていた。

ＬＮＧが量的に必要な時期は国によって異なり、日本は冷房利用が増える夏がピークだが、韓国は暖房で冬に利用が増える。互いに過不足を補うことでＬＮＧの使い勝手が良くなれば、石油からの燃料転換が進み、産出国にも損はない。

しかも当時の台湾では建設中のガスパイプラインの完成が遅れ、ＬＮＧをプルタミナから引き取れない状況にあった。その苦境を業界紙で知った佐藤は、すぐさま「掟《おきて》破り」の交換取引に動く。提案に乗ったのは、後に社名が台湾中油となる中国石油有限公司で、担当の女性社員はプルタミナと組むフランス企業に押しかけて交渉した。

日本では電力小売り自由化が工場など大口向けに

LNGなどの燃料調達を同僚と話し合う佐藤裕紀さん（中）＝東京都中央区のJERA本社で

始まったころ。大手電力はＬＮＧの需要を読みづらくなり、柔軟なさばき口と調達先を求めていた。佐藤の上司だった杉山重昂《しげたか》（75）は「交換取引は自由化対応の布石で、視野の広さと先見の明があった」と語る。

その後、荷揚げ港の縛りは弱まり、短期やスポット（一回ごと）の取引が増えた。米国のシェールガス革命でＬＮＧが世界でだぶついたことも一因で、原子力への依存度が低い中電に追い風となった。一一年の東京電力の福島第一原発事故後、中電は赤字に転落したものの、燃料調達の多様化と火力の高性能化で業績を回復する。

中電の燃料部は一六年、東京電力と設立したＪＥＲＡ（ジェラ）に移され、佐藤は執行役員となった。調達の柔軟性を高めようと、今も産出国と対話する日々。若手社員にこう言っている。「交渉は、相手にノーと言われたところから始まるんだ」

メモ　液化天然ガス（ＬＮＧ）　輸送用に零下162度まで冷やして液化した天然ガス。主な産出国はカタールやロシア、豪州、米国など。1970年代から石炭や石油に代わる一次エネルギーとなり、世界の流通量のうち日本が3分の1を占める。ＪＥＲＡは世界最大規模の年間3500万トンを取り扱い、2018年中にフランス電力のＬＮＧ取引部門も傘下に収める。

3 中部電力（下）　もみ殻発電　村照らす

道端のバナナの葉が影絵のごとく揺れだした。雨粒と横なぐりの風。天候の崩れは「電力危機」の知らせだった。

「またか」

裸電球が前触れなく消えても、屋台で飲む男たちの談笑は途切れない。誰もが停電に慣れ切っているのを見て、店の奥にいた電力マンは心に期した。「停電のない村にしなければ」

田園風景が広がるタイ北部のピチット県に二〇〇五（平成十七）年一月、中部電力碧南火力発電所から花井光浩（51）がやってきた。コメのもみ殻を燃やし、農村に明かりをともす使命を引っ提げて。この地は三期作でもみ殻は余るほどある。

中電で初めての海外発電事業ながら、建設は遅れていた。欧州の技術者たちは独断専行タイプで、タイ人作業員の動きは鈍い。花井ら中

燃料となるもみ殻の状態を確認する発電所のスタッフたち＝タイ北部ピチット県で（山上隆之撮影）

電社員に向ける視線だけは共通していた。「発電所オーナーだからといって、でかい顔するな」と。

もみ殻発電は外資ファンドなどとの共同事業で、中電が最大の出資者だった。日本ではインフラの雄でも海外は勝手が違った。付き合いの深いゼネコンも、電機メーカーもいない。花井らはなすこともなく建設現場と宿舎を行き来し、夜は虫に刺されてもだえた。

船頭のいない現場は試運転に入ると行き詰まった。配管に穴が開き、ボイラーの火は消える。「碧南火力の経験が生きる」。花井はついに動いた。

問題だったのはもみ殻の硬さ。ボイラーに送る途中の配管を傷つけ、穴を開ける。配管のカーブを調整すれば一カ所だけ摩耗するのは防げる。もみ殻も、碧南で燃料となる石炭も、粉末にして扱う点は共通する。花井は設計変更を助言した。「中電は頼りになる。仲間だ」。タイ人作業員から信頼を勝ち取った年の暮れ、出力二万キロワットの小さな発電所は運転を始めた。

運営のノウハウ継承も課題だった。発電やもみ殻の調達で不具合がなぜ、どのように起きたのか、花井は記録を残すよう求めた。もみ殻や燃焼後の灰が外に飛び散って、住民とトラブルにならないよう口酸っぱく言った。「地域と永く歩む発電所であってほしい」。タイを離れた今も願う。

発電所は百人の雇用を生んだ。昼夜二交代で二十四時間運転し、首都バンコクから三百二十キロ離れた地の基幹電源として一万五千世帯分の電力量を賄う。チーフエンジニアのパイラット（48）は「タイで最高のプラントと思っている。花井からは多くのオペレーションを教わった」と胸を張る。

住民との関係は良好で、地元首長のタッサニー（48）は「発電所ができて停電がなくなった」と喜ぶ。農家のニミット（53）も「捨てていたもみ殻を買ってもらえてありがたい」と話す。

中電会長の水野明久（65）は建設当時、国際事業部長として関わったもみ殻発電を「試行錯誤の末の勝利」と評する。日本の電力需要はまだ伸びていたが、「経済

もみ殻を粉状にして燃焼し、その熱で水蒸気を発生させて発電タービンを動かす発電所＝タイ北部ピチット県で（山上隆之撮影）

発展の著しい途上国にビジネスチャンスを求めるべきだ」と訴えていた。

社長在任時の一四年には、東京電力と海外発電や燃料事業の統合を決め、規模を拡大させた。海外発電プロジェクトは北米や中東にまで広がり、今や二十を超す。「日本で培ってきた技術力、ノウハウを海外で生かさない手はない」。水野の目は中部の外へと向かう。

メモ　中部電力のタイ発電事業　海外展開の先駆けとして2000年代に親日国のタイに進出した。もみ殻発電とは別に、ラチャブリ県のガス火力発電（出力140万キロワット、08年運転開始）は稼働率も高く、バンコクの電力事情改善に寄与。中電はガス火力を得意とし、技術輸出としては最も成功した例とされる。

4　JR東海
安全伝授　育った「弟」

白い車体にオレンジと黒の帯をまとう高速鉄道が、台湾を南北に駆け抜ける。とがった先端に象徴されるシルエットは東海道新幹線にそっくり。台湾高速鉄道は「台湾新幹線」とも呼ばれる。

「東海道新幹線の弟のような存在」。ＪＲ東海の輸出担当部長、八多《はった》義徳（53）は台湾高鉄を血を分けた兄弟に例える。なのに、西洋の装いもまとっていた。

日本と欧州が熾烈《しれつ》な受注競争を繰り広げた経緯がある。いったんドイツとフランスの企業連合に決まりかけたが、一九九八（平成十）年にドイツで高速鉄道ＩＣＥが脱線して約百八十人が死傷し、翌九九年には台湾で大地震が発生した。

東海道新幹線が六四年に開業以来、列車事故で死者ゼロという日本の技術が見直され、商社や車両メーカーでつくる日本連合が逆転して採用された。日本初の新幹線輸出プロジェクトに、ＪＲ東海は技術支援で協力した。

日本側は、安全を最優先に「車両、施設、列車制御など日本で実証済みのシステムを一括で輸出すべきだ」と提案した。ところが、台湾側は「日欧のいいとこ取り」を主張し、トンネルなどの土木工事を欧州式で見切り発車した。要望の多くを採用されなかった日本側は「日本で使われていない技術は保証しない」と通告するほどだった。

車両には日本で当たり前の乗務員専用の扉がなく、線路の分岐器（ポイント）はドイツ製で構造が複雑…。欧州式との混合システムでも、失敗すれば新幹線の安全神話が揺らぐ。

八多は二〇〇三年から二年間、台湾高鉄の幹部候補を教育し、

運行から営業まで業務マニュアルをすべて作り直した。「気を使うことが多く、ジレンマを抱えていた」。〇七年の開業後はポイント不具合が散発し、新幹線技術を丸ごと導入できなかった懸念は現実となる。

それでも日台の鉄道マンは安全を担う血を通わせた。八多と同時期に台湾へ赴いた松崎逸男（64）は、二十人ほどに信号システムの管理を指導した。昼間は試運転が優先され、連夜、保守作業と合わせて実地で教えた。余裕のない研修日程も「みんながついてきてくれた」と感慨深い。帰国前には酒を酌み交わし、ハイタッチで別れを惜しんだ。

東海道新幹線の東京―名古屋間とほぼ同じ距離を結ぶ台湾高鉄は航空便のシェアを完全に奪い、一日あたりの利用客は十六万人を超す。二人は台湾を訪れるたび、日本並みにダイヤの遅れなく、多くの人に利用される様子を見てきた。「難産だった弟も立派になった」

開業から十一年、設備の補修や取り換え、システム

日本の新幹線技術が導入された台湾新幹線＝2016年、台湾・高雄の左営駅近くで（小柳悠志撮影）

更新を徐々に迎えている。JR東海は台湾高鉄の助言役となり、一緒に知恵を出す。八多と松崎には、それぞれメールで近況を報告し合う仲間もいる。

愛知県内で旅行会社に勤める台湾出身の蔡樺芸（37）は「日台どちらの新幹線も快適。甲乙は付けがたい」と笑う。台湾人には東海道新幹線、日本人には台湾高鉄に乗ってほしい。「交流のきっかけに」と思う。

JR東海は今、米国のテキサス州での高速鉄道計画に、新幹線技術を売り込んでいる。「次の弟には、システムの一括輸出で完成度の高い技術を届けたい」。最前線に立つ八多は決意を新たにする。

メモ　台湾新幹線　2007年1月に運転を始めた高速鉄道で、台湾高速鉄道公司が運行。総事業費は1兆7000億円。台北―左営（高雄市）間の345キロを1時間半で結ぶ。最高時速300キロ。16年に台北から約5キロ東の南港（台北市）まで延伸した。車両や列車制御の大部分は日本の技術が導入され、車両は東海道新幹線「のぞみ」700系がベース。

第五章 食の融合

中部地方の食品や外食の業界が、アジア諸国で自慢の味を広めている。異なる好みと向き合いながら支持を得た企業があれば、進出先の味を日本で売り込む企業もある。食を巡る交流の動きを追う。

1 敷島製パン（上）
もっちりパン　食に新風

屋台でご飯を買って食べる。そんな米食の習慣が根付くインドネシアで、日本式のふっくら、やわらかいパンが広まっている。「パスコ」ブランドの敷島製パン（名古屋市）が伝えたパン作りが、どう食文化を変えているのか。

「〽サリロティ～、サリロティ～」。青色の箱を荷台に積んだ自転車が住宅地を走る。ブランド名を流す陽気な音色に誘われ、路上に集まってきた客の手に、敷島の技術が詰まったパンが渡る。「サリロティ」は、インドネシア語で「おいしいパン」を意味する。

トライサイクルと呼ばれる自転車やバイクでの街頭販売は、かつて日本で見られた豆腐売りのよう。一九九六（平成八）年のサリロティ発売当初から続いている。

「日本のもっちり、しっとりしたパンが作れないか」。九一年、敷島に依頼が舞い込む。総合商社の日商岩井（現双日）を介し、食品から自動車まで手掛ける巨大財閥「サリムグループ」が持ちかけた。大量生産のパン工場はまだインドネシアになかった。

海外事業の責任者だった盛田兼由（60）が、視察のため首都ジャカルタの空港に降り立った。タ

インドネシアで「サリロティ」のパンを自転車に積んで売りに回る人たち＝ニッポン・インドサリ提供

ラップから旅客機に吹き込む外気が肌に触れる。「こんなところで本当にパンが売れるのか」。よどんだような空気で、蒸し暑く、梅雨のよう。日本で冷やし中華などが売れ、パンの需要が落ちる時期と同じだと肌で感じた。

当時は流通経路も未発達で、スーパーは少なく、コンビニエンスストアもない。パパママストアと呼ばれる個人経営の店ばかりで、しかも露店で食事を取る習慣が根強かった。

不安はあったが、日本式パンを望む熱意を受け止めた。サリムが工場管理から販売まで経営全般の責任を負い、敷島は技術指導に当たることになる。

唾液の量が多い欧米人に比べ、東南アジアや日本の人はやわらかいパンを好む傾向が強い。生産現場の中心を担う三人のインドネシア人を招き、愛知県刈谷市の主力工場で半年間、日本流の工場でのパン作りを一から教えた。

九五年、敷島とサリムグループ、日商岩井が出資し、パンの製造・販売会社「ニッポン・インドサリ・コルピンド」が立ち上がる。ジャカルタ近郊で量産に入った。

まず投入したあんパンは一～二カ月で販売打ち切りとなるが、どろっとしたチョコレート入りは日本人になじみが薄くてもよく売れる。日本式のやわらかな生地に、現地好みの味付けが溶け合っていった。

当時は袋詰めのパンそのものが衛生面から画期的とみられた。イスラム教徒が多いためハラール認証を取るのは当然だった。

経済成長とともに中流家庭が増えると、街中にコンビニがあるのが普通になった。女性の社会進出が目覚ましく、服装や食事が欧米化する中で家や職場でパン食が定着していく。

「袋に入っているから安心で、ご飯のように炊く手間もない」。今は専務の盛田は、生まれ育った高度経済成長期の日本と重ね合わせる。

サリロティの知名度はぐんぐん高まる。ニッポン・インドサリは二〇一〇年に株式を上場し、日本の技術で作るインドネシアのパンメーカーとして地位を固めた。盛田は「技術指導だけのつもりが、配当で利益に貢献してくれるまでになるとは」と目を細める。

2 敷島製パン（下）
高品質保つ　陰の主役

敷島製パン（名古屋市）に息づく言葉がある。「パンは生き物」。気温や湿度が変われば、イースト菌による発酵やパン生地の調子に影響する。焼き上がりを安定させるためには、生地と対話しながら設備を動かさないといけない。

インドネシアの製パン市場は、敷島が技術協力するニッポン・インドサリ・コルピンドが開拓した。一九九六（平成八）年の「サリロティ」ブランド誕生以来、独壇場だったが、四年前に山崎製パンが進出してきた。

敷島は駐在から出張での指導に切り替えていたが、ライバルの出現を受けて常駐に戻し、社員三人態勢とした。首都ジャカルタ近郊の工場に設けられた部屋が活動基地となっている。

「味については口を挟まない」。福田純平（34）は製品開発の助言役

サリロティの工場

パンダンを使った製品（四角内）などパンの品質を保つ指導を続ける（左から）福田純平さんと竹ケ原英治さん＝インドネシアで（岸本拓也撮影）

として二〇一六年から駐在する。おいしいか、まずいか、はインドネシア人が決めることだと受け継いできた。

食パンには日本ではあり得ないほどのバターを加えてあり、福田は香りへのこだわりも知った。パンダンという植物を使った緑色のパンも人気がある。

福田は生地の食感に目を光らせている。小麦粉など原料の配合や仕入れを見直すほか、生地を延ばす作業工程では生地を傷めないよう機械を調整する。

工場は十カ所を数えるが、分散すると製造管理に目が行き届きにくい。従業員の出入りが激しい現地事情もあり、日本流の品質を保つ技をどう伝授するかがあらためて浮き彫りとなった。

一三年から駐在し、設備を助言する竹ケ原英治（44）は「くどいほど品質、品質と言い続けている」と話す。例えば、小麦粉や水などをミキサーにかける生地づくりは、作業者の交代や機械の調子によって仕上がりが微妙にばらつく。その見分けがまだ従業員には付きにくい。生産のロスさえなければ、生地がダメージを受けようと、機械は故障するまで動かせばいい、との考えも残っている。

二人は工場から定期的に製品を取り寄せて品質を確かめているが、それでは人は育たない。福田は今、特定の開発担当者と工場を回り、マンツーマンで教え込む。ラインを動かす試験で何を観察し、どう考えて機械を調整するか。「最近はすぐに理解してくれ、製造のリーダーに指示してくれるようになってきた」

サリロティの工場は来春までに二カ所増える。世界最多の大小一万を超す島がある国だけに、賞味期限が三～四日のパンをおいしく届けるには拠点の充実が欠かせない。敷島製パン社長の盛田淳夫（64）は「増設のスピードがまるで違う」と驚く。

ニッポン・インドサリの売り上げ規模は約二百億円で、競争が激しくなる中でもシェア八割以上を誇る。設立当初から敷島の出資は一割ほどのまま。盛田も「かねがね気になる」という品質を保つため、敷島は黒子に徹し続ける。

駐在員の最終目標は、自分たちがいなくても現地で自己管理できる態勢づくり。「ちゃんと人を育てないと日本に帰れない。そう上司に言われてきた」。竹ケ原は笑みを浮かべる。こだわる品質への理解に手応えがある。

インタビュー

敷島製パンの盛田淳夫社長に聞く

敷島製パンの盛田淳夫社長

敷島製パン（名古屋市）が技術協力するインドネシア製パン会社「ニッポン・インドサリ・コルピンド」は、日本式の柔らかくてしっとりしたパンを広めた。盛田淳夫社長（64）は現地での圧倒的なシェアに「ここまで大きく成長するとは全然想定していなかった」と振り返る。熱意のある現地企業に市場調査や労務管理を任せ、自社は徹底した技術指導に専念することで成功につなげている。

（竹田弘毅）

―初めに協力依頼を受けたときの印象は。

「インドネシアは人口も大きく、東南アジアの大国として面白い市場だと感じました。日本人と食の趣向も近い。当時はジャカルタを中心とした市場で、中間層を中心に浸透していければという感覚でした」

―失敗のリスクは考えませんでしたか。

「小さく産んで大きく育てるじゃないけど、そんなにリスクを感じるような決断ではありませんでした。まずは堅実にそこそこのスケールから育てましょうかと。スタートする時は、これからどう発展していくのかなと楽しみでした。全くゼロから立ち上がるのは、なかなか経験できないですから」

―現地に行った時には、どのように感じましたか。

「若い国で、人が多い。最初に行った時に現地の人に言われて一番印象を受けたのは『インドネシアって大きいんですよ』ということです。米国の西海岸から東海岸までの大きさがある。それを聞いて、ああ、この国はこんなに大きいんだと再認識しました」

―成功した理由を教えてください。

「良い関係を保てる現地のパートナーがいて、その人たちが主体となったことです。うちの会社のヒト、モノ、カネという社内資源を考えると、全てを管理するのは無理。事業を成功させようと思うと、サラリーマン感覚で三～五年で戻ってくる考え方では駄目で、現地に根を張ってやらないといけない。現地で骨をうずめるような感覚でやるなら別だが、そこまでは無理でした。現地が主体で、うちはサポートに徹し、品質管理に特化する。資本関係もむこうがメジャー、うちはマイナーでいいんです」

―インドネシア経済の急成長も追い風になりました。

「日本の昭和三十～四十年代の高度経済成長期に入ろうかという雰囲気を醸し出していました。これから激変するような。流通も、パパママストアやなんちゃってスーパーでしたが、欧米などのスーパーが入ってきて、ぱっと代わっちゃった。日本にはない変化の大きさとスピードでした」

―日本との違いで苦労したことはありますか。

「核となる人材が流出しやすいことです。宗教の違いもあり、人の管理が最も難しいのでは。それでも、インドネシアでの上場を知った時には本当にびっくりしました」

―インドネシアでの今後の展開を教えてください。

「工場は、ジャワ島東部に年内に一つ、スマトラ島の南部にも来年の春にできます。それから、これから三年の間に地方に小規模な工場を三つくらい造る予定です。従来は都会中心でしたが、だんだん地方に。東から西までアメリカくらいあるんだから、それなりの人口規模があるところには造ろうということですね」

――設備投資のスピードが速いですね。

「(現地のパートナー企業は)そんなに慌てて大丈夫かと思うくらいの感覚です。でも、それをやらないと向こうでは生き残っていけない。さもありながら、われわれが作るパンが粗製乱造になっちゃいけない。発酵時間や焼く温度など基本的なことを守れるか、管理をきちっとするように言っています。一般的にはまじめな国民性だと思いますが、日本人がいないと意外とだらける」

――中国・上海にも合弁工場がありますね。日本の市場が縮小する中、海外事業の展望を教えてください。

「上海は現地のファミリーマート向けです。今後も現地に良いパートナーがいれば検討しますが、具体的に進んでいる話はありません。海外の重要性は、じわじわと高くなっていくのではと思っています」

3 壱番屋 世界一のカレー店へ

カレー皿をイメージした丸いロゴマークが、レンガ風の壁にある。中国語の店名「好侍咖哩　客客壱」は、「ハウスカレー　ココイチ」を意味した。中国・上海で二〇〇四(平成十六)年九月、カレーチェーンの壱番屋(愛知県一宮市)が「カレーハウスCoCo壱番屋」を開く。中国一号店にして初のアジア進出だった。

きっかけは〇三年にさかのぼる。社長の浜島俊哉(59)が東京へ向かう新幹線で偶然、ハウス食品(現ハウス食品グループ本社)社長だった小瀬昉《あきら》(71)と乗り合わせた。ハウスからは長年、カレールーを仕入れている。降りる間際の浜島に、小瀬が「中国に興味はないか」と持ち掛けた。

浜島は当時、国内千店舗が視野に入り、「次は海外に」との思いを募らせていた。現副社長の葛原守(51)が店舗運営の責任者とし

2004年に開業した中国1号店＝上海市で(壱番屋提供)

て上海に向かった。「街のあちこちで大きな工事が進み、ものすごい熱気を感じた」と振り返る。〇四年、ハウスとの合弁会社を現地に起こした。

まだ中国人にはカレーは耳慣れない外国料理にすぎなかった。当時の客単価は二十八元（約四百二十円）で、アルバイトの時給にして五時間分。客足は伸び悩み、雨が降ると二十～三十人しか来ない日もあった。

一年後、中国二号店を出す際に販売戦略を大きく変えた。とりわけ流行への感度が高い女性を意識した。カップルがデートでも使えるように、内装はカフェをイメージした。メニューも、オムライスのようにご飯を卵で包み、ホワイトソースやカレーを掛けた新商品を開発した。

日本のココイチの売りは、ルーの量や辛さ、ご飯にのせるトッピングを自由に選べること。中国でも「お客さまの要望にできるだけ応える」とのサービスの根幹を残しつつ、現地の文化や風習を踏まえた。二号店は開店一カ月で一万人が来客し、たちまち人気店となる。中国展開の足掛かりとなり、今では主要都市に四十一店舗を営む。

「壱番屋は日本の食文化を異国に広める『先兵隊』に適している」。一五年十月、ハウスの専務松本恵司（69）は壱番屋を子会社化すると発表した際、こう表現した。

2018年8月にオープンしたベトナム初進出の店舗＝ホーチミン市で（壱番屋提供）

中国でハウスは〇五年にルー工場を立ち上げてから十年余りで、年間の売り上げ規模を五十億円まで拡大した。国際事業本部で中国事業を担当する倉持高広（44）は「地域ごとに差はあるものの、日本風のカレーは中国にかなり浸透している」と語り、壱番屋の貢献度の高さを挙げる。

壱番屋は中国を皮切りに、香港、韓国、シンガポールなどに出店し、一八年八月のベトナム進出でアジアの店舗網は十カ国・地域に広がった。国内外に展開するカレー店舗数は九月末で千四百二十七を数える。

ギネスブックで「世界一のカレーチェーン店」と認定されているが、かねての宿願はカレー発祥の地のインドへの進出にある。まず十二月、インド旧宗主国の英国ロンドンに欧州初の店舗を開く。「インドで生まれ、英国から日本に伝わり独自の進化を遂げたカレーが、英国を経由して里帰りする」。真の「世界一」のカレー店を目指して。一九年三月に社長となる葛原は、そんなストーリーを思い描いている。

インタビュー

壱番屋の葛原守副社長

壱番屋の葛原守副社長に聞く

壱番屋（愛知県一宮市）は二〇〇四年の中国を皮切りに、アジアで十の国と地域に進出している。中国一号店の現地責任者で、今は海外事業の指揮を執る葛原守副社長（51）は「日本式のカレーライスは、世界各国で受け入れられるはずだ」と語る。

（石原猛）

――中国出店の経緯は。

「初めて海外に店を出したのは一九九四年の米国・ハワイです。ただ海外事業を本格化させるきっかけになったのは、中国・上海への出店でした。国内で千店舗が視野に入り、海外進出の機運が高まっていました。その折にハウス食品さんからの誘いがあり、上海に合弁会社を設立したんです」

――当時の上海はどんな場所でしたか。

「中国全土からクレーン車を集めたんじゃないか、ってくらい街のあちこちで建設工事が進んでいましたね。これから発展していく勢いを感じました」

――一号店の準備は順調でしたか。

「現地で調達できる材料で日本のココイチの味を再現したり、従業員に壱番屋の『ニコニコ、キビキビ、ハキハキ』というサービスを覚えてもらったりと、大変なことが続きました。とりわけ店舗の施工では、設置した新品の厨房機器の上に業者が乗って傷だらけにされるなど、日本との文化の違いに驚きました」

――海外店舗の責任者に。

「上海に行くまでは日本の中国・四国地方の営業担当者で、加盟店オーナーに経営指導をしていました。そんな中、自分で店を立ち上げて、成功させたいと考えていました。海外でやることのアドバンテージも含めて、成功すれば、これまで自分が行ってきたことが正しかったと納得できるかな、と考えたんです」

―当時の中国にカレーを食べる文化はありましたか。

「あくまで外国の料理ですね。日本食のレストランとか居酒屋に行けばメニューの一つにあるくらいで、カレー専門店はなかった」

―開業して、お客さんの入りは。

「当時、私たちの店のアルバイトの時給が六元。日本円で九十円くらい。店の客単価は二十八元で、五時間くらい働かないと食べられない。高級ホテルでランチを食べる感覚です。隣の中華料理店はたくさんお客が居るのに、うちはガラガラという日もありました」

―どう対応しましたか。

「日本人にとって、カレーは食べ慣れたもので、私たちのお客さまも男性が多い。でも初めて聞くような外国料理を『おしゃれ』『楽しそう』という感覚で食べてくれるのは女性。二号店を出すタイミングで、メニューや店舗の内装を女性客を意識して変えました。中国人の大皿料理を分ける文化に合わせ、数人でシェアできるサラダといったメニューも増やしました」

――壱番屋の進出で中国にカレー文化が広まったんでしょうか。

「今は中国の主要都市に四十一店舗を出していて、日本式のカレーライスを広めることに、多少は協力できたと思います。ハウス食品さんも、学校や会社の給食向けにカレーを提供したり、工場見学をしたりとカレーを食べてもらう活動を続けてきました。今の子どもたちにとって、カレーは日本人の感覚に近いのかもしれません」

――インドへの進出を念頭に、英国に出店しますね。

「インドで生まれたカレーが英国に渡り、日本に伝わった。五～六年前からインドで市場調査はしていますが、インフラ整備の状況などを見ると、まだ早い。日本にカレーを伝えたのは英国なので、まずは英国に行って成熟させて、最終的にインドに里帰りというストーリーでいきたいですね」

―インドで商機はありますか。

「レッドオーシャンに飛び込む気概も必要だ、ということです。世界一の店舗数でギネス認定を受けた後、社長は『本場のインドに一店も出せていないのに、世界一のカレーショップとは言えない』と語っていました。既に進出しているタイでは、タイカレーがあっても日本式カレーが受け入れられている。インドの人たちにも受け入れられるはずです」

―壱番屋の強みは。

「ご飯の量やカレーの辛さ、トッピングを自由に選べる。店側が面倒なことをやっている。だから、他店の追随もなく、海外で展開できていると思います」

4 ヤマモリ　日本とタイ　味の往来

　名古屋市中心部を流れる堀川の納屋橋のたもとに、タイ料理店「サイアムガーデン」はある。自慢のコース料理とは別に、入り口にはタイカレーのレトルトやトムヤムクン、春雨などの小売り食品が並ぶ。食品メーカーのヤマモリ（三重県桑名市）が店も商品も手掛けている。

　古めかしい洋風の建物はタイとの交流をつむいできた。一九三一（昭和六）年ごろ、加藤商会が本社ビルとして建て、名古屋港に届いたタイ米を堀川で運んでいた。終戦までの十年間はシャム（現タイ）の領事館が置かれた。今は国の登録有形文化財に指定され、二〇〇五（平成十七）年からヤマモリが借り、タイという国を示す「サイアム」を冠にした店を開いた。

　ヤマモリが国内でタイ食品を市販したのは〇〇年から。「タイの食文化を日本へ、日本の食文化をタイへ、を合言葉にやってきた」と社長の三林憲忠（65）は語る。連結売上高二百八十億円のうち、タイ食品は十億円ほど。規模は小さくても市場を開いた草分けで、シェアは五割を占める。

　約三十年前、三林は知人の事業を視察するため初めてタイを訪れた。高級ホテルが並ぶ地区の近くには貧困街があり、川で水上生活をする人たちがいた。どの顔も悲愴《ひそう》感はなく、子どもたちに手を振ると笑顔が返ってきた。「豊かではないが、明るい。これから成長していく息吹を感じた」

現地でのビジネスを模索しながら帰国すると、半年を待たずに転機が訪れる。取引先の日清製粉（現日清製粉グループ本社）の社長だった正田修（76）と会い、「君、海外をどう思う」と問われた。三林は成長が見込める国を聞かれ、すかさずタイで感じた成長の可能性を訴えた。その場でミートソースの缶詰を製造する現地工場の計画がまとまり、一九八八年に合弁会社を設立した。

ヤマモリはしょうゆ工場も九八年に立ち上げ、現地の和食ブームで増えた日本食料理店に調味料を提供した。タイで足場は築いたが、日本に目を向けると、まだタイ料理はなじみが薄く、市販品もわずか。「片っ端から買ったが、味も包装も、舌や目が肥えた日本人が満足できるレベルではない」。本格的で、しかも手軽に楽しめるタイ料理を広めようと、商品開発に乗り出した。

タイでは生の香辛料やハーブを使う。本場の味を求め

入り口にタイカレーのレトルトなどが並ぶタイ料理店「サイアムガーデン」＝名古屋市中区で

コース料理で出される「サーモンの蒸し物 レモンソース」＝名古屋市中区で

て二〇〇四年、中部のラヨーン県に工場「サイアムヤマモリ」を建てた。農場で仕入れた鮮度の良いハーブを使い、タイ人の舌で味見する。日本で考えていたレシピも現地に任せる商品が増えている。

そのうち食品大手が後追いで商品を出してきた。大衆受けを狙った刺激を抑えた味付けが多いが、ヤマモリは超辛口カレーなど現地の味にこだわる。「とがった商品でコアなファンをつくる。一割のファンが三倍買ってくれればいい」。三林が認める「弱者の戦略」とは筋を曲げない意思の表れ。「もしブームが終わって大手が退いても、うちはやめねえんだ」と笑う。

一八年夏、タイ副首相のソムキットが三重県を訪れた。会談した三林は、食品加工を高度化させる技術指導やタイの果物を使った商品開発について要請を受けた。「タイと日本の懸け橋であり続ける」。あらためて胸に刻む。

インタビュー

ヤマモリの三林憲忠社長に聞く

ヤマモリの三林憲忠社長

食品メーカーのヤマモリ（三重県桑名市）は、タイでしょうゆなどの調味料をつくり、タイからはグリーンカレーなどの食品を日本の食卓に届けている。三林憲忠社長（65）は「マーケットが認知されて大手が参入してきた。うちがブームをつくった」と話し、タイと日本の食文化の懸け橋を自任する。

（竹田弘毅）

――いち早く日本でタイフードを広めることができた理由を教えてください。

「現地の味を忠実に守ったことが一番の秘訣です。インドカレーの原料は乾燥したコショウなど乾き物が多いが、タイフードの特徴は生のスパイスやハーブを使うこと。乾き物を使ったのでは現地で食べた味を再現できない。本物のタイカレーをつくるにはフレッシュな原材料が必要です。そのためにはタイで製造するしかない。大手はタイでつくっておらず、本物を再現できない」

――大手の食品メーカーもタイカレーを出すようになりました。

「ブームが去ったら大手は撤退すると思いますが、うちはブームがあろうがなかろうが、下火になろうが、愚直にやり続けます。タイカレーのヤマモリと呼ばれますが、タイフードはカレーだけじゃない。いろいろと広げていきたいと思っています」

――名古屋市内に二〇〇五年、本格的なタイ料理店「サイアムガーデン」を出しました。きっかけは。

「店が入っている建物はもともとタイ米の輸入商社が所有し、シャム国（現タイ）の領事館が置かれた時期もありました。寄付を受けた名古屋市が国の登録有形文化財に指定されてから、修復して貸出先を募ったんです。シャッターに募集の紙が張ってあり、行きつけの飲み屋のおじさんに言われて深夜、見に行きました。そういう歴史を持った建物だから、タイ料理レストランになるべきだと思い、手を挙げました」

―それまでレストラン事業は手掛けていたんですか。

「やっていません。なので応募が通ってしまい、やるしかない、困ったなあ、と思いましたね。大家と呼ばれる有名なタイ料理研究家の女性に頼んで、教え子の料理人を派遣してもらいました。今も同じチームで運営しています」

―タイでの今後の事業展開を教えてください。

「タイをハブ（拠点）にして、東南アジア諸国に商品を輸出するのをもっと強化しないといけない。和食レストランがどんどん増え、和食が当たり前のように食べられています。ソースやたこ焼きの粉、乾麺の日本そばなど、和食に必要なものを提供していきたいですね。さらに、タイに釜飯文化を根付かせろと指示しています。鶏スープでご飯を炊く習慣があるので、オンリーワンになれると思っています」

ひつまぶしを味わうタイや香港のテレビ関係者ら＝名古屋市熱田区のあつた蓬萊軒神宮店で（名古屋観光コンベンションビューロー提供）

5 なごやめし 内外でファン増「食」

タイや香港から来たテレビ局の関係者たちが、名古屋名物「ひつまぶし」を味わう。「こんな斬新な食べ方があるなんて」「四つに割ってから食べるとは、奥ゆかしくて日本らしい」。独特の食べ方を体験し、感想を言い合っていた。

手羽先、みそかつ、天むす、きしめん、みそ煮込みうどん…。名古屋で独自に進化した食文化「なごやめし」が、訪日客を呼び込む切り札に期待されている。

官民でつくる名古屋観光コンベンションビューローの観光部国際グループ長、浅野和弘（54）は「バラエティーに富んだなごやめしは、さまざまな好みの外国人が喜ぶ一品を見つけられる」と話す。アジアを中心に旅行会社の視察やメディアの取材を年間七十～八十件受け入れている。名古屋城などの観光名所とともに、なごやめしを体験してもらい、名古屋の魅力を伝えようとしている。

なごやめしを担う名古屋市内の企業がアジア各地に出店する動きも相次ぐ。手羽先で知られる居酒屋チェーン「世界の山ちゃん」を運営するエスワイフードは二〇一四（平成二十六）年四月、海外一号店を香港に開いた。

「新しいことに挑戦することが何よりも好きだった。店の名の通り、いつかは『世界』に出たいと思っていたはずです」。一六年に五十九歳で死去した創業者山本重雄の決断について、妻で現社長の久美（51）が振り返る。

日本で愛される手羽先の味とサービスを再現するため、重雄は繰り返し香港へ

「世界の山ちゃん」の海外1号店となった香港の尖沙咀店
＝2016年、小柳悠志撮影

足を運んだ。材料の仕入れの流れや従業員教育の方法、店の立地などを自分が納得するまで考え抜いた。看板商品の手羽先は、調理方法も材料も国内の店舗と同じ。こしょうの風味が強いスパイシーな味わいは、すぐに現地の人たちに受け入れられた。

その後はタイや台湾へ進出し、一七年四月にはマレーシアの首都クアラルンプールに店を開いた。海外店舗は初出店から四年半で、アジアの四カ国・地域に七店まで増えた。「一本でも多くの手羽先を世界の人たちに食べてもらいたい」。夫の夢を受け継ぐ久美は、インドネシアやシンガポール、さらにアジア以外への進出を目指す。

みそかつの矢場とんも一四年からアジアで店舗展開し、今は台湾と韓国で計三店舗を営んでいる。和食レストランのサガミホールディングスはタイとベトナムの二店で、みそ煮込みうどんや台湾ラーメンなどを提供している。

なごやめしの知名度は少しずつ高まっているかに見えるが、観光コンベンションビューローの浅野はこう口にする。「山ちゃんの手羽先は進出先でも人気だが、それが名古屋の食べ物だとは認識されていない」。取材や視察に訪れる観光業の関係者ですら、名古屋に来て初めて、なごやめしの存在を知るケースが大半という実感がある。

母国で食べた手羽先やみそかつを本場でも食べてみたい―。そんな思いがアジアの国々に広がり、名古屋が国際都市として受け止められれば、「味の交流」は、いっそう深まるだろう。

第六章

スズキ　道を拓く

インドでスズキは日本の2.5倍近い台数の自動車を売っている。35年前、海外の自動車メーカーとして、いち早く進出した。以来、販売首位を走り続け、日本に次ぐ世界4位の市場になった今も揺るぎがない。どう道を拓《ひら》き、強い土台を築いたか。スズキのインドでの開拓者魂に迫る。

1 一番へ　社長自ら交渉

東京・日比谷の帝国ホテルの四階、芝生の庭園に面した「梅の間」に、スーツ姿のインド人の男たちが並ぶ。一九八二（昭和五十七）年三月十日、政府の調査団と在日大使館の六人が、国家プロジェクト「国民車構想」を掲げ、合弁を組む海外企業を選びに訪れていた。

テーブルを挟み向かい合うのは、五十二歳だったスズキ社長の鈴木修（88）＝現会長＝ら五人だった。会談は午前十一時半ごろ始まる。インド国営企業マルチ・ウドヨグ（現マルチ・スズキ）の幹部、ラビンドラ・チャンドラ・バルガバ（84）は「われわれは庶民に手の届く価格の車を普及させたい」と語った。市場調査から燃費が重視されており、人であふれる市街地や狭い道が多いインドでは小型車が適している。身長一八五センチほどの細身の男は説明に熱が入った。

鈴木は「そうですか」と聞いていたが、やおら立ち上がるとホワイトボードの前で絵を描きだした。「車はこういった方式でつくる。プレスと溶接、塗装、組み立てのラインが並んで」

インド側は首都ニューデリー郊外に工場を用意していた。スズキ四輪輸出部の中西真三（71）は事前に視察し、建屋のレイアウトが自社の四輪車工場のように直線形ではなく、「コ」の字形なの

1982年ごろのニューデリー市内の道路。車とともに馬車も行き交っていた＝元スズキの中村隆則さん提供

を確かめていた。周到に準備したため、鈴木は現地に合わせたラインの配置を説明できた。

取締役海外技術部長だった江間勉（88）は、バルガバが「スズキは話が早い」と驚いているように見えた。

二カ月ほど前、江間は二輪車生産に向けてインドに出張中、たまたま読んだ英字雑誌で国民車構想を知る。日本でライバルのダイハツ工業がパートナーに有力、とあった。驚いたスズキは工業省次官の助言に従い、事業を担うマルチ・ウドヨグに手紙を出す。するとバルガバから「対話をする準備がある」と返事をもらっていた。

バルガバの自著によると、ダイハツは手を引いたが、欧州のルノーやプジョー、日本の日産自動車や三菱自動車、富士重工業（現スバル）にも声をかけていた。調査団は日本で他社とも面会したが、最初から最後まで対応したトップは鈴木だけだった、と後にスズキ側は聞かされた。

鈴木の胸中には期する思いがあった。石油危機後の七五年、スズキは排ガス規制の強化に対応できるエンジンの開発に失敗し、トヨタ自動車からエンジン供給を受けてしのいだ。それでも工場の稼働率は低く経営危機に陥った。七八年に社長となった鈴木は「何とかしなければ」と動く。徹底したコストダウンで価格を抑えた軽自動車「アルト」を翌年に発売すると、大ヒットして会社は息を吹き返した。

とはいえ、日本で後発の車メーカーが一番になるのは難しい。「社員の士気を高めるために、どこかで一番になりたい」。新興国に目を向けていた。

パキスタンでは現地メーカーへの技術援助を通じ、トラックやジムニーを生産していた。八一年には米ゼネラル・モーターズ（GM）と低燃費車の共同開発にも乗り出した。

インド側との会談は二時間近くに及ぶ。鈴木は夕方、GMとの打ち合わせに米国へ飛ぶため、帰国する一週間後に踏み込んだ話をしたいと伝えた。

スズキ社員として通訳を担当した西正則（84）によると、バルガバたちはこう答えた。「帰りを待つ」。未開の大国への進出に、光明が差す瞬間だった。

メモ　**インドの国民車構想**　1947年に英国から独立した後、政府が認可したヒンドゥスタン・モーターズとプレミア・オートモービルズの地場2社が、セダン1車種ずつを20年余り生産。社会主義の計画経済が色濃く、海外からの参入は規制され、商業目的の車の輸入も禁止されていた。80年代前半まで乗用車市場は年間4万台ほどだったが、政府は産業の近代化に向け、海外メーカーと組んで大衆車の量産を計画した。

2 13年 名門の遺志結実

屋根と壁と柱があるだけ。雑草が茂る土地に立つ工場は、がらんとしていた。三十四歳だったスズキ四輪輸出部の中西真三（71）は一九八二年二月、インドの首都ニューデリーから南西へ約二十五キロのグルガオンを訪れた。周りの平原は「ゴルフ場ができそう」。サルやヘビもいて、自動車を造る環境とは程遠く思えた。

当時の首相インディラ・ガンジーの次男、サンジャイ・ガンジーが設計した工場だった。英国で自動車工学を学んだ後、七一年に「国民車構想」を掲げて「マルチ・モーターズ」を起こす。インドの発展を

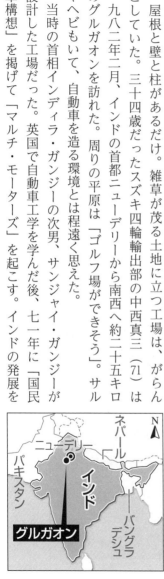

夢見たが、八〇年に飛行機事故で三十三歳で死去すると、工場は稼働することなく、放置されていた。

息子の遺志を継ぎ、母のインディラは会社を国営化する。八一年にマルチ・ウドヨグ（現マルチ・スズキ）を設立し、海外企業と車を生産する計画を進めた。

インド初代首相ネールの血を引くガンジー家と、スズキとは縁があった。六九年、亜細亜大の学生や教授らの「アジアハイウエー学術踏査隊」がアジア各地を車で走破した。スズキは軽自動車「フロンテSS」を提供し、二十六歳だった技術系社員の戸田啓三（76）も隊に加わった。総勢七人がボンベイ（現ムンバイ）の港から陸揚げしたフロンテでインド国内を巡った。

戸田らは二輪車メーカーを訪れた際、社長の息子の結婚披露宴に招待された。政府や財界関係者が集まるニューデリーの会場で、戸田はスズキ車に関心を持った外務大臣から「首相公邸に来てほしい」と打診された。後日に公邸を訪れると歓待してくれたのが、英国から帰国して間もないサンジャイだった。

ニューデリーで「フロンテSS」を試乗するサンジャイ・ガンジー氏＝スズキ提供

サンジャイ氏の死後、使われず放置されていたインド・グルガオンの工場外観
＝元スズキの中村隆則さん提供

サンジャイはフロンテに興味を示し、自ら三十分ほど郊外を運転する。「アトミック（原子力）を積んでいるのか」。冗談を交えて戸田に興奮気味に話した。フロンテのエンジンは排気量三六〇ccと、地場メーカーが製造する一五〇〇ccよりも小さいが、車両重量は半分以下の四百四十キロで、高い馬力をみせた。

既に国民車構想を練っていたサンジャイは「スズキと技術提携をしたい」と申し入れる。戸田は話を文書にまとめて本社に航空便で送ったものの、当時のインドは外貨が欠乏していた上、スズキは日本での増産を進めていた時期で、具体化しなかった。

それから十三年。国民車づくりの合弁相手に、スズキが手を挙げた。中西がグルガオンの工場を視察した後の八二年三月、社長の鈴木修（88）＝現会長＝が東京でインド側と会談し、サンジャイが生前に描いた協業が動きだす。

翌四月、鈴木はニューデリーで首相のインディラと面会する。執務室の机に座るインディラの脇に、高さ五十センチにも積もった書類の山があった。決裁に没頭しているのか、うつむいて鈴木を見ようとしない。通訳として同席した西正則（84）は「困った」と焦る。

鈴木は伝えた。「これから多くの困難が予想されます。それでも、あなたのご子息が残した工場があるので、大変助かります」

サンジャイの名が出ると、インディラがはっと顔を上げて鈴木を見た。合弁は基本合意に達した。

3 難敵　水と電気に挑む

古めかしい乗用車やトラック、オート三輪が行き交い、牛やラクダものろのろと歩く。「本当にここでスズキの車をつくれるのか」。スズキの営業担当社員、杉森潤三（76）は、インドの首都ニューデリーの市街地を見て戸惑った。道路も舗装されているものの、両脇の部分は土のままだった。「何十年も昔の日本に来たようだ」

スズキは一九八二年四月、インド政府と国民車の合弁事業で基本合意した。すぐに生産や営業などの担当者を選抜し、プロジェクトチームを立ち上げた。

その一人だった杉森は、合弁を組む国営企業のマルチ・ウドヨグ（現マルチ・スズキ）との間で、ニューデリー郊外のグルガオンの工場を八三年十二月に稼働することを確認した。

社長の鈴木修（88）＝現会長＝は基本合意の際に初めてインドを訪れた。スズキ車よりも倍以上の重さ一トン余りの車が市街地を往来していた。「ドタバタとした走りで、アルトの方がよっぽど良い」。ただし、当時のインドは経済の「鎖国」状態にあった。国民の所得水準が低く、どれくらい売れるかは見通せなかった。

スズキはマルチ・ウドヨグに、株式26％分の約五十億円を出資した。当時の年間利益に相当し、仮に丸々損失が出ても翌年には軌道に乗せて利益を出す覚悟だった。

生産技術や設備の導入について、マルチ側は全面的にスズキに委ねた。鈴木は事業計画を詰める際、マルチ社幹部のラビンドラ・チャンドラ・バルガバ（84）に告げている。「かつて英国の植民地だったインドでは欧米式の経営になじんでいると思うが、私は分かりません。日本式経営でやりますよ」

工場の稼働まで一年半ほどの段階で、スズキのチームはまず組み立てラインから整備した。ボディーやエンジンなど、ほぼすべての部品を日本から送り、現地で組み立てる方式をとった。並行して溶接や塗装、プレスなどのラインも整備し、稼働から二年半後に一貫生産できる態勢を整えた。

チームリーダーを務めた当時の取締役海外技術部長江間勉（88）はコンベヤーなどの搬入を進めながら、たびたび起こる停電に悩まされた。日立製作所製の非常用発電機を手配し、「常用」の電源として使うことにした。工場内の整備に合わせて六台まで増やし、ガス燃料のタービン式自家発電を備える九〇年代まで乗り切った。

もう一つの課題が水だった。塗装や機械の冷却で車一台の生産に二～三トンを使う。土を掘ってくみ上げた井戸水は日本の軟水とは異なり、マグネシウムなどを多く含む硬水だった。そのまま使うと配管に不純物がたまる上、塗装をする際にムラが生じてしまう。

設備担当だった中村隆則（70）はインドに出張するたび、水を牛乳瓶に入れて日本へ持ち帰った。まだ当時は旅客機に持ち込めたことが幸いだった。塗料メーカーと水質の分析を繰り返し、ろ過装置を使って硬質分を取り除くようにした。

「水を制する者は工場を制する。そう言われるほど水は大切だ」と中村は振り返る。日本と同等の品質の車を生産する準備が着々と進む。

工場内でライン整備の準備を進めるスズキ社員ら＝インド・グルガオンで（中村隆則さん提供）

4 早く軽く安く 求めて

スズキが資本参加したインド国営のマルチ・ウドヨグ（現マルチ・スズキ）は一九八三（昭和五十八）年五月、販売する自動車の予約を始めた。グルガオン工場の稼働は半年ほど先ながら、「マルチ８００」など三車種に十三万台余の注文があった。販売計画の三年分に相当し、「本当に売れるか」との不安は消し飛ぶ。

マルチ８００は、軽自動車「アルト」をベースに開発された。排気量は八〇〇ｃｃで、当時の軽の規格（五五〇ｃｃ）より大きく、日本で輸出向けに開発したエンジンを積んだ。価格は四万七千五百ルピーと百万円ほど。地場メーカーの車より安く、燃費も良かった。

細部にはインド独自の仕様を施した。「実際に走って分かることがあった」。スズキのサービス担当社員だった川崎誠（81）は、八二年秋のテスト走行を振り返る。

社長の鈴木修（88）＝現会長＝が「まずはインドの道を知るべきだ」と号令をかけ、川崎ら十人のテストチームが編成された。後のマルチ８００、軽トラック「キャリイ」など四台を日本から持ち込んだ。

北部の平原を延びるハイウエーでは、ぬかるみにはまったトラックが立ち往生していた。雨期に冠水しやすい路面はアスファルトがはがれ、辺りは大渋滞となっていた。川崎は運転する車の片側のタイヤを路肩に落とし、車体を傾けたままトラックをすり抜けた。

約一カ月かけてインド全土の延べ八千キロを走ったが、マルチ800の性能なら十分に耐えられる、と川崎らは体感した。「パンクなど、走れなくなるダメージは受けなかった」

それでも悪路を長く走るとタイヤをはめるホイールのリム部分が傷むため、鉄板に厚みを持たせた。前部バンパーは樹脂製だったが、インドの市街地では密集する人に押されてへこんだことから、板金で直せる鉄製に変えた。

八三年十二月十四日、グルガオン工場で生産開始の式典があり、マルチ800の納車が始まる。当時の首相インディラ・ガンジーは、スピーチで目元をぬぐう。この日は、国民車構想と工場を残して急逝した次男サンジャイの誕生日でもあった。

インドでもスズキはものづくりに妥協しなかっ

生産開始式典でマルチ800を見るインディラ・ガンジー首相（手前右）と鈴木修氏（手前左）
＝1983年12月、インド・グルガオンで（スズキ提供）

た。車を構成する約三万点の部品を一グラムずつでも軽くする工夫を積み重ね、コストと燃費の低減につなげた。

鈴木は工場を歩けば「一秒でも短く」とげきを飛ばす。生産ラインで従業員が歩く距離が短くなるよう改善を求めた。たった一秒も「十万台を造れば十万秒の削減になる」と徹底した。

生産開始前、静岡県湖西市の工場でスペースを最大限に生かす現場を目の当たりにしたのが、マルチ社の現会長ラビンドラ・チャンドラ・バルガバ（84）だった。「効率や機能性がスズキのマントラ（真実の言葉）のように思えた」。当時の衝撃をこう本紙に伝えた。

やがて欧米や日韓のメーカーが相次いで参入し、地場のタタ・モーターズが低価格を売りに攻勢をかけても、マルチ８００の人気は衰えない。排ガス規制の強化もあって二〇一四（平成二十六）年一月に生産を終えるまで、輸出分を含め累計二百九十一万台が造られた。終了時の価格は日本円にして約三十二万円台。三十年ものコスト努力が安さを保ち、庶民のための車であり続けた。

一秒でも短く、一グラムでも軽く、一円でも安く―。車づくりの理想を今も追い求めている。

5 日本式 チームを育む

早朝の工場や事務所に、ヒンディー語の掛け声が響く。「エク、ドゥー、ティン、チャル（一、二、三、四）」。同じ制服を着たインド人と日本人がラジオ体操で一緒に体を動かす。三十五年前から続く一日の始まりの日課は、インド国営のマルチ・ウドヨグがスズキ子会社のマルチ・スズキになっても変わっていない。

身分に厳しいカースト制度があるインドに、スズキが持ち込んだ「日本式経営」の象徴が労働文化だった。あえて全員が同じ食堂を利用するようにもし、幹部の個室はつくらなかった。

当初、インド人従業員は「社長まで同じ服を着て食堂で席を並べることに驚き、興奮した」と、マルチ社の現会長ラビンドラ・チャンドラ・バルガバ（84）は振り返る。トイレも同じだった。日本式の「誠実さ」は割とすんなり受け入れられたが、政府から派遣された何人かの幹部は耐えきれず去って行った。

一九八三（昭和五十八）年末の生産開始前、首都ニューデリー郊外のグルガオン工場は長く放置され、床は砂で覆われていた。スズキが派遣した準備チームはまず八万平方メートルの建屋の清掃

スズキ社員とともにラジオ体操をするインド人従業員＝1984年、インド・グルガオンで（中村雄一さん提供）

から始めたが、言葉や常識の違いが壁となった。そこで初代工場長となる篠原昭（故人）は「見本」を用意した。六メートル四方ほどの事務室を選んで机を運び出した後、コンクリートの床にホースで水を放って洗浄し、ペンキで塗った。「同じにするように」とインド人従業員に教えると、作業ペースが上がり、設備の搬入が進んだ。

稼働後も整理整頓の大切さを説く。生産管理の指導役だった鈴木健文（75）は「従業員から信頼されることが第一。日本人が率先して掃除をした」と語る。九〇年代前半にマルチ社の副社長を務めた中村雄一（77）は、日課としてラインを見て回った。「作業員が工具を整えて置くのを見たときが一番うれしかった」

チームとなって働くことが会社を成長させ、一人一人の暮らしも豊かにする。「スズキの人たちと話し、やっと理解できた」。バルガバは合弁交渉に携わって気づいた。なぜ労働者と経営者が一致団結できるかは、それまで学んだ欧米式経営では分からなかった。

中村の後任副社長となった小林恒雄（77）は「責任は持つからやってみろと促すと、どんどんアイデアを出してくれた」と話す。現場の班長らの提案から、工場入り口から重い部品を生産ラインまで運ぶローラーコンベヤーを導入したこともあった。

経済の自由化が進む中、マルチ社では生産を拡大するにつれ、賃上げを求める労働組合とのあつれきも生じるようになった。

小林は二〇〇〇（平成十二）年、予告なしのストライキに直面した。工場から従業員を閉め出すロックアウトを余儀なくされ、正常化に三カ月を要した。「インド人の管理職とこまめにコミュニケーションを取り、現場で気になる点があれば、すぐに話を聞くことが大切だ」。小林は肌で感じた。

それでも二カ所目の生産拠点のマネサール工場では、生産開始から七年目の一二年に事件が起こる。労働者らが暴徒化して事務所などを放火した上、インド人の人事部長が死亡し、日本人二人を含む約百人がけがを負った。正規と非正規の雇用条件で異なる待遇の差などが背景にあったとされる。

インドでの労務問題はトヨタ自動車やホンダも経験している。労組に介入する政治団体も存在する中、教訓を生かした対話が続く。

6 販売網　成長の生命線

二〇一八（平成三十）年六月、スズキがインドに進出して累計二千万台目の自動車が製造された。国営企業マルチ・ウドヨグ（現マルチ・スズキ）に資本参加し、一九八三（昭和五十八）年に生産を始めて三十四年五カ月。日本より十一年余も速く大台に達した。

急成長は、インド全土に張り巡らす約二千七百の販売店に支えられている。「長年かけて、一番の競合他社よりも五倍の販売・アフターサービス網を築くことができた」。マルチ社の現会長、ラビンドラ・チャンドラ・バルガバ（84）は自負している。

始まりは、スズキが合弁を組んだ八二年にさかのぼる。サービス担当社員だった川崎誠（81）は、首都ニューデリーをはじめ主要都市で店づくりを指導した。日本と同様、店舗に整備工場を備え、点検や修理に対応できる態勢を整えていく。

西部のボンベイ（現ムンバイ）で建設を予定した土地は、海岸沿いで狭く、傾斜もあった。「臨機応変にやるしかない」。整備スペースを確保するため、ジャッキで持ち上げた車体の四隅に三角形の台（リッジトラック）を置き、車体の高さや傾きを調節する方式を採用する。現地の業者に

高価格帯の車種を扱う販売店「NEXA」＝インドで（スズキ提供）

リッジトラックの絵を描いて説明し、素材を指定すると、その通りに作ってくれた。「画一的に店舗をつくることはできない。現場を見て、現地の人とコミュニケーションを取りながら対応することが大切だった」と振り返る。

営業担当として駐在した杉森潤三（76）は、マルチ社の幹部と各都市で店舗経営の担い手を探した。国営だったマルチ社には公正な選考が求められ、まずは新聞に広告を出して候補者を募った。ビールやチョコレートの工場を営む地域の有力者らが手を挙げ、杉森らは土地を精査した上で面談した。「販売店は車を売るだけでなく、顧客のフォローや情報管理など多くの仕事がある。そうした仕事をしっかりできる人物を選んだ」と語る。

バルガバは当時のマーケティング部長として、販売店が得る販売手数料を車両価格の2・5％に設定する。世界標準の10％台と比べてかなり低く、「マルチ800」など値頃な大衆車の実現につながった。

それでも販売店が利益を上げるには、当初から点検や修理を手掛けることが重要だった。インドでは販売と修理を別々の業者が担うのが主流だったが、バルガバは販売網が将来の競争の鍵を握ると考え、収益の柱を増やすよう努めた。

一七年度のインド乗用車市場は三百三十万台で、スズキはシェア50％を握る。経済成長が続く中、いずれは日本を抜いて、三〇年にも年間一千万台に達すると見込まれる。

そこでスズキは小型車だけでなく、中型セダンやスポーツタイプ多目的車（SUV）などの品ぞろえを増やしている。一五年には富裕層を意識した高価格帯の新店舗「NEXA（ネクサ）」を立ち上げ、今では三百店を超す。

スズキ会長の鈴木修（88）は、シェア維持のためには「一に販売網。二にも三にも販売網」と言い切る。「生命線」とする販売店の量と質を高め、ライバル各社の追い上げに対抗する。

メモ　**マルチ・スズキ**　インド政府が1981年に設立したマルチ・ウドヨグが前身。「マルチ」はインドの風神を意味する。合弁当初の出資比率は政府が74％、スズキが26％。経済自由化に合わせてスズキは段階的に出資比率を引き上げ、2002年には54・2％と過半数を取得し子会社化。07年に今の社名に改称した。18年3月期業績は売上高7810億ルピー（約1兆3500億円）、純利益は772億ルピー（約1330億円）。

7 おごらず次代見据え

つり上げられた車体が次々と流れてくる。世界各地にも輸出する小型車「バレーノ」の組み立てラインで、従業員らがタイヤなどの部品をてきぱきと取り付けていく。「インドで生産を始めた三十五年前とは格段の違い」。スズキ会長の鈴木修（88）は二〇一七（平成二十九）年九月、インド西部グジャラート州の新工場を視察し、手応えを感じた。

「現場にはカネが落ちている」と考える鈴木は、長さ八百メートルのラインを二時間半ほどかけて点検した。「生産開始から半年にしては、品質やコストへの取り組みが素晴らしい」

インド三カ所目の生産拠点のグジャラート工場は、スズキが現地で初めて全額出資した生産会社が運営している。既存子会社のマルチ・スズキと競い合わせて相乗効果を狙う。

「インドは世界のほかの市場と比べて大きな違いがある」。マルチ・スズキ会長のラビンドラ・チャンドラ・バルガバ（84）は、ずっと小型車

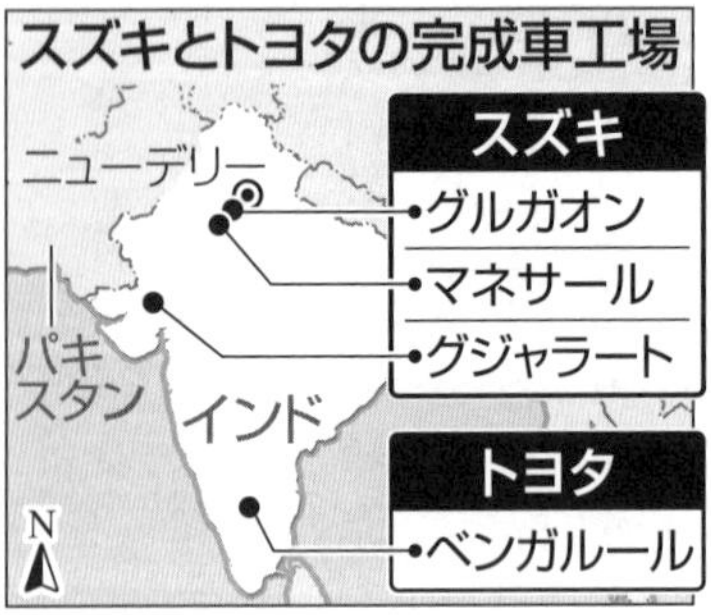

車体をつり上げて運ぶ最新の組み立てライン＝インド・グジャラート工場で（スズキ提供）

が中心という市場特徴を指摘する。小型車を得意とするスズキは進出以来、需要に応えた車づくりで乗用車市場の首位を走り、インドに自動車産業を根付かせてきた。

スズキは四輪車事業で一二年に米国販売から撤退し、今年に入ると中国での合弁生産を解消すると発表した。世界の二大市場から手を引く代わり、インドにヒトやモノ、カネを集中して投じる道を選んだ。

インドの乗用車市場は三〇年には現状の三倍の一千万台に届くとされる。中国と米国に続く世界三位の規模になっても、スズキは乗用車シェア50％の維持を目指す。社長の鈴木俊宏（59）は直近の株主総会で「未来をかけた挑戦だ」と掲げた。消費者の所得向上で車の好みが中型や大型に移る可能性も視野に入れる。

さらに「脱ガソリン」が世界の潮流となり、インド政府は電動車の普及を掲げる。車の電動化は避けて通れないが、先行するのは電気自動車（ＥＶ）かハイブリッド車（ＨＶ）か、見通しはまだ立てにくい。会長の鈴木は「一社で対応することはできない」とみる。

スズキはトヨタ自動車との協業に動いた。一七年から検討を進め、これまでに合意した内容は、いずれもインドが舞台となる。完成車の相互供給ではスズキがバレーノなど、トヨタがカローラのＨＶなどを提供する。スズキはトヨタと協力してＥＶも開発していく。

バルガバは「マルチ社が技術的にも競争力を保つ助けになる」と期待する。

四十年ほど前、スズキは排ガス対策エンジンの供給をトヨタから受けたが、当時と異なるのは「対等」での関係づくりにある。

一八年五月には、スズキがトヨタの支援でＨＶの次世代システムを開発するほか、スズキの開発車両をトヨタで生産し、それぞれアフリカ市場にも供給する方針が公表された。「(トヨタが世界各地で目指す)『この町いちばん』を実践してきた会社」。トヨタ社長の豊田章男（62）は、こうスズキを評する談話を出し、学ぶ姿勢をみせる。

スズキが市場を開拓したインドを今、世界の自動車大手がこぞって注目している。会長の鈴木は手綱を締める。「達成感や幸福感を味わうのはつかの間。次の三十五年を考えている」。挑戦に終わりはない。

番外編

病、暴動…耐えて結実
駐在員の苦労

スズキがインドの国営企業マルチ・ウドヨグ（現マルチ・スズキ）に出資し、自動車の生産を始めて半年ほどたった一九八四年。工場の管理担当社員として駐在した大石勲（82）は、インド人の従業員に技術を教える日本人指導員らの健康管理に苦心していた。

一年で最も暑くなる四〜五月には気温が四五度を超えることも。「車の運転中に窓を開けると、ドライヤーの熱風を浴びるようだった」。当時、数十人いた指導員は出張で訪れて半年間にわたって滞在し、後任者と入れ替わったが、気候や飲み水などの違いから体調を崩す人が相次いだ。

発熱や下痢は日常。中にはマラリアや赤痢、腸チフスにかかる人も。大石はそのたびに彼らを車に乗せ、通訳とともに首都ニューデリー市内のかかりつけ医へと走った。指導員に小まめに予防注射も受けさせた。

指導員らは市内のサルタージホテルに滞在していた。ニューデリー郊外のグルガオン工場の初代工場長を務めた篠原昭（故人）の発案でインド人のコックを雇い、チャーハンやハムエッグなど日本人に合う食事を作ってもらった。

八四年十月三十一日、市街地が騒然となる事態が起こる。当時の首相インディラ・ガンジーが自らの護衛によって暗殺された。この護衛がシーク教徒だったことから、ガンジーを支持する民衆が、シーク教徒が経営するホテルや交通機関を狙って暴動を起こし、サルタージも標的となった。大石は「工場から仕事を終えて戻ると、大通りに面したホテルのガラスが投石で割られていた」と振り返る。

すぐに市内の別のホテルに移り、十日ほどたって当時社長だった鈴木修（88）＝現会長＝も訪れた。車座になって酒を

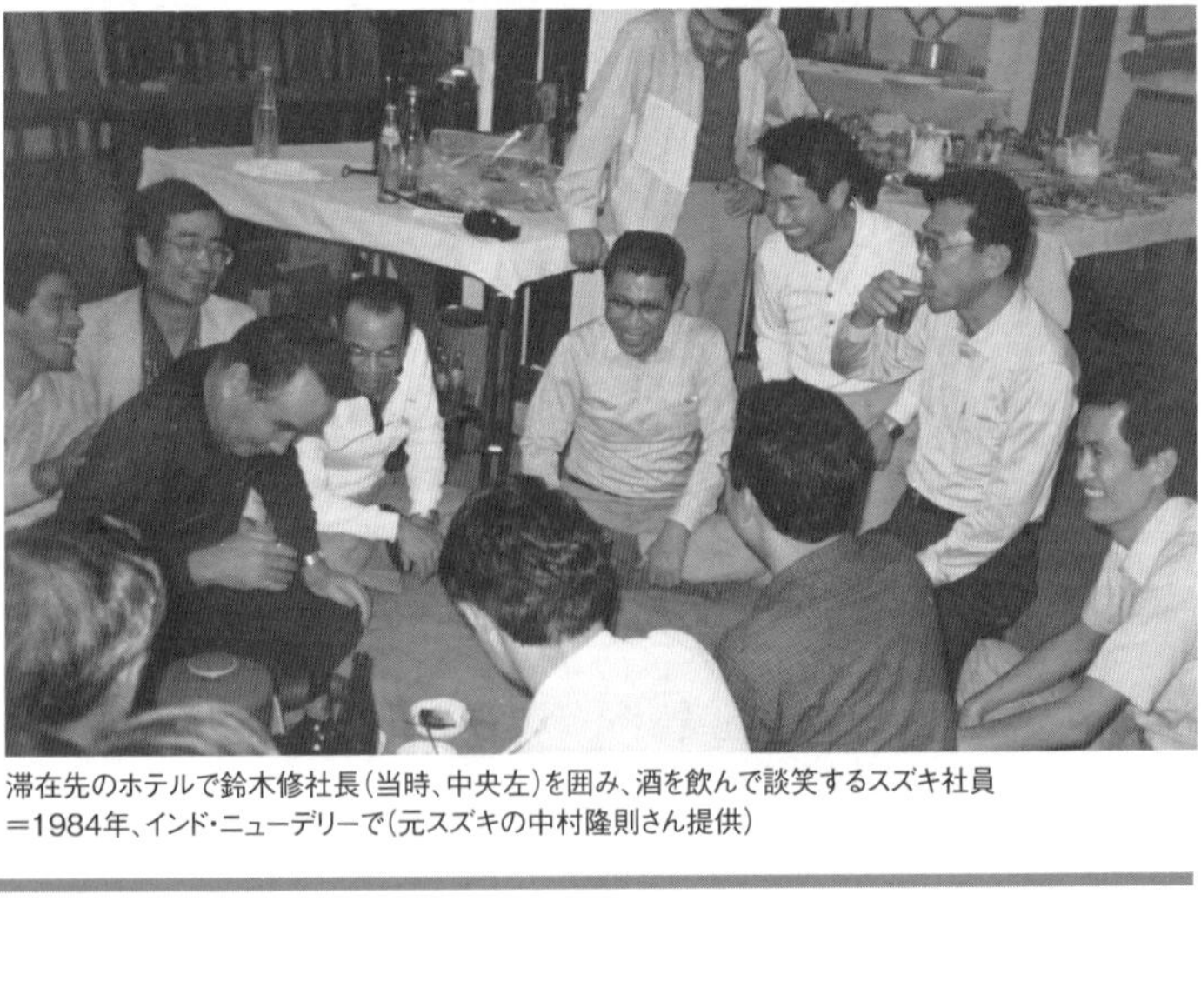

滞在先のホテルで鈴木修社長（当時、中央左）を囲み、酒を飲んで談笑するスズキ社員＝1984年、インド・ニューデリーで（元スズキの中村隆則さん提供）

酌み交わし、危険と隣り合わせの指導員たちをねぎらった。

八二年のインド出張中に国民車事業を知り、進出のきっかけをつくった江間勉（89）は当初、インド事業のプロジェクトリーダーを務めた。八三年夏まで現地で生産準備を進めていたが、風邪をこじらせた。

一時帰国しても治らず、自宅のある浜松市内の病院に駆け込んだ。精密検査で脳の血管に問題があると分かり、入院して手術を受けた。「手術後に鈴木社長が『大丈夫か、大丈夫か』と心配してくれた」。この年の暮れの生産開始を前に、後任の篠原にプロジェクトを託し、インドを離れた。

スズキを定年退職した六十代半ばのころ、江間は旅行でインドを訪れたことがある。ニューデリーの空港を出ると、そこにはかつてとは見違える光景が広がっていた。「まるで、駐車場がそのまま動いているみたいだ」。庶民の手に行き渡るようになったスズキの小型車が、道路を埋め尽くすように走っていた。

インタビュー

マルチ・スズキのバルガバ会長に聞く

マルチ・スズキのラビンドラ・チャンドラ・バルガバ会長（同社提供）

スズキのインド事業を語るのに欠かせない人物が現地にいる。インド子会社「マルチ・スズキ」のラビンドラ・チャンドラ・バルガバ会長（84）は、会社の国営時代から合弁交渉や生産拡大に携わってきた。書面インタビューでは「小型車に特化していたスズキの経験や知見がインド市場に適していた」と振り返った。市場の急成長が見込まれる中で「変わりゆく顧客の好みに合った車をつくれる優位性は失われない」と展望する。

（西山輝一）

――車づくりのパートナー企業を探すインド政府の調査団の一員として八二年に日本を訪れました。スズキを選んだ理由は何だったのでしょうか。

「インド政府は、自動車の製造技術を提供してくれる外資のパートナーが必要だと考えました。当初は仏ルノーの『ルノー18』を製造すべきだと暫定的に決めましたが、市場調査の結果、小型でモダンな低コスト車が必要だと考えました。欧州と日本で技術パートナーを探しました」

「スズキを選んだ最も大きな要因は（当時社長の）鈴木修氏と会い、さまざまな議論をできたことです。社長に直接話をすることはとても重要でした。彼は日本式の品質基準と生産性を達成すると約束してくれました。スズキは小さな会社で成長意欲があることもアドバンテージだと捉えました」

「スズキは小型車製造のリーダーであり、われわれはそのような車を造りたかった。小型車も手掛けている大型車メーカーよりも、小型車に特化した企業の方が望ましかったのです」

「スズキの浜松の本社と湖西の工場を見学し、いかにコストを削減し、可能な限り節約しているかが分かりました。スペースを最大限に活用した効率や機能性が、スズキのマントラ（真実の言葉）だと思えました。これらの取り組みはわれわれが競争力を付けるために必要でした。スズキは従業員の訓練でも最高のオファーを提示してくれました」

―スズキは日本式経営を導入しました。

「長年、私の頭の中には二つの疑問がありました。日本は鉱物やエネルギーなどの資源に乏しい国であるにもかかわらず、なぜ製造業は高い競争力を有しているのか。そして、なぜ労働者と経営陣は争議なく、一致団結できるのか。スズキの人たちとの話を通じ、やっと理解できました」

「われわれが学んできた西洋の経営では常に人事の重要性が強調されましたが、その経営を取り入れたインドの会社は、社の利益のために従業員を一つのチームにまとめることができませんでした。日本で何が行われているかを理解し、インドに適した手法を開発する必要がありました」

「(スズキの) 日本人からは、全従業員との継続した双方向のコミュニケーションの大切さを繰り返し強調されました。従業員は日本の経営思想の誠実さに気づくと、あまりちゅうちょなく受け入れました」

「従業員は徐々に会社の継続成長に向けて、一つのチームとして働くようになりました。改善活動は品質やコストを向上する大きな手法となりました。シェアが伸び続ける中、会社は従業員が家を持てるよう、そして子どもが良い学校に通えるよう支援しました。マルチ・スズキの継続的な成功が、日本式の労働習慣の導入によるものであることは間違いありません」

――インドの乗用車市場は二〇三〇年にも、現在の三倍の年間一千万台の規模になると予測されます。シェア50%を維持するための課題は何でしょうか。

「値頃な価格や環境性能、限られた都市のインフラなどを踏まえると、インドはほかの市場と違って小型車市場であり続けるでしょう。スズキは先に参入したアドバンテージがあります。先行者利益は常に重要です。加えてマルチ・スズキはインドと日本の経営の最高のブレンドをつくることができ、市場と顧客を理解する能力があります。時間をかけて、一番の競合社よりも五倍の販売・サービス網を築いてきました。この差は狭まらないでしょう」

「三〇年までにインドの自動車産業ではいくつかの技術的変革があります。原油の輸入費が重くのしかかるため、ガソリン車やディーセル車の削減は避けられません。自動車へのＩＴ活用は既に進み、さらに強化されるでしょう。これらの変革に挑戦するマルチ・スズキの立ち位置は、トヨタ自動車とスズキの提携によって大きく改善されました。マルチ・スズキが技術的にも競争力を保つ助けとなるでしょう」

インタビュー

スズキの鈴木修会長

スズキの鈴木修会長に聞く

スズキは一九八三年末にインドで自動車生産を始めた。乗用車市場が拡大する中で販売首位を維持する一方、現地で事業立ち上げを担った社員が次々と一線を退いている。鈴木修会長（88）は「苦労を知る人が少なくなると危機が訪れる」と気を緩めず、将来に備えている。

（西山輝一）

―インド進出前の会社の状況から教えてください。

「七〇年に湖西工場を稼働したんですが、七五年に排ガス規制に対応したエンジン開発に失敗した。他社（トヨタ自動車）からエンジンを分けてもらったんですが、湖西工場は月産千五百台という惨めな生産が続いた。スズキはつぶれるのではないかとヒシヒシと感じていました。七七年には二代目社長でおやじ（義父）の俊三さんが亡くなった。同じ年に創業者の道雄さん、三代目社長でおじの実治郎さんが続けて病に倒れ、七八年に私が社長をやることになったんです」

「今までの考え方ではだめだと、この年に予定したアルトの発売を一年延ばしました。起死回生を狙ってコストを抑える努力をし、軽自動車の新車が六十万円台の時代に四十七万円で売り出したんです。これが当たりました。ただスズキは最後尾の自動車メーカーでしたから、日本ではトップになることはできないと考えましてね。どこかの国で一番になろうと。従業員の士気を高めるために何とかしたかったんです」

―八二年三月、インド政府の調査チームが国民車づくりのパートナー企業を探しに来日しました。

「米国に出張に行こうとしたところ、インドの調査チームが来たんですね。僕は不在になるからあいさつをしておこうと思って、東京の帝国ホテルに行ったんです。そこで工場建設の議論をしました。ホワイトボードを借りてきて、こういった建物のレイアウトでプレス、溶接などのラインを整えるのだと話した。一週間後に米国から帰ってくると、調査チームが日本に残っていてくれて、浜松の本社に来てもらって打ち合わせをした。その後『お宅に決めた。基本合意を結ぶのでインドに来てくれ』ということで、さあ大変ですよ。社内の役員会ではインドで車を造れるのかという声もあったが、俺が話をして決めたんだから任せてくれと、押し切りましてね」

――八二年四月の基本合意の際に、インドを訪れた印象はどうでしたか。

「インドに着いて飛行場の外に出たら、牛がいて『はじめまして』と迎えてくれましてね。当時、車メーカーは地場の二社しかなく、見るからに一トン車だなと。道をドタバタ走っていました。アルトの方がよっぽど良いとは思いましたが、何台売れるかまでは分からなかったね」

――国営企業マルチ・ウドヨグ（現マルチ・スズキ）に資本参加し、生産に向けて準備を始めました。

「ニューデリー郊外のグルガオンに工場があり、行ってみると建物の中をサルが歩いていたね。基礎コンクリートを打っていたが、五センチくらいしか厚みがありませんでしたから、少なくとも十五センチにしなければならないと現場監督になって助言をした。工場のレイアウトはできていましたから、日本式の流れ作業のラインを導入した」

―マルチ幹部のラビンドラ・チャンドラ・バルガバ氏（84）＝現マルチ・スズキ会長＝との思い出は。

「私が合弁契約前に話したのは、インドは英国の植民地だったから欧米のマネジメントシステムを理解されていると思うが、私は知りません。日本式経営をやると言いましたら、『とにかく良い車を安く造ってもらえるなら全部任せる』ということで、信頼を寄せてくれましたね」

―取り組みで良かったことは。

「日本からは下請けの部品メーカーを連れて行かなかったんです。資本力がなかったからですが、逆に幸いしました。マルチが現地の資本家を集めて技術を教えた。そのおかげで（車づくりの）技術が現地に根付いた。部品の取引先が販売店もやってくれるようになり、一致団結できた」

――二〇三〇年にインドは年間一千万台の市場に成長するとの予測があります。50％のシェアを維持するために必要なことは。

「それは販売網です。一に販売網、二にも三にも販売網。販売網と販売力。ヒト、モノ、カネですよ」

――一七年九月には三カ所目の拠点、西部グジャラート州の工場を視察しました。

「南海ホークス（現ソフトバンクホークス）の監督だった鶴岡一人氏がおっしゃっていたのが『グラウンドにはゼニが落ちている』。グラウンドで稼げと。名文句ですよね。工場の現場にもカネが落ちている。現場をみて判断しなければいけませんね」

――インドは小型車中心の市場ですが、所得水準が上がるにつれて中・大型車の需要が増える可能性は。

「それは人間の欲望として当然だと思っていますよ。中国もアメリカも道路網が良くなれば大型車中心。インドも日本の九倍の国土がありますからね」

「問題は時代がどう変化するか。電動化の方向は間違いないが、電気自動車（ＥＶ）になるか、ハイブリッド車（ＨＶ）になるかは予断を許さない。停電が多いのでＥＶの場合は電力のインフラをどうするかが指摘されている」

――トヨタとの協業が鍵となりますか。

「これらに対応するには一社ではできない。おのずと答えは出てくるから、多くを語りません」

――インド進出の歴史を振り返ると、感慨はあるのでしょうか。

「インド政府と四輪車事業の合弁契約を結んだのが三十六年前。二十三歳で大学を卒業して入った人が五十九歳になりますから、当時の苦労を知る人はほとんどが定年を迎えて辞めているんですね。それで危機が訪れようとしている。先輩の皆さんが苦労をしてやってくれてシェア50％になったのに、現在いる人たちは自分たちでやったと錯覚している。このままの仕事を続ければ将来も開花すると考えがちですが、それはだめですね」

「ほっとして達成感や幸福感を味わうのもつかの間。現状の士気がたるんでいるのを見て心配になりました。だから八十八歳になっても代表権を譲らない」

――会長として走り続ける。

「くたびれたよ（笑）」

第七章 トイレ革命

世界の誰もが用を足す。しかし、アジアは広い。経済成長の象徴として日本で発展した文化が受け入れられる一方、貧しさから野外で済ませる土地では住民の健康を守る対策が進められている。この異なる事情に応じた暮らしの変化に、中部地方ゆかりのメーカーが関わっている。企業発「トイレ革命」の最前線を追う。

1 ＴＯＴＯ（上）
おしり快適　形も追求

建築材料や住宅設備の店が軒を連ねる中国・上海の一角。ＴＯＴＯの主要代理店が営むショールームは週末、たくさんの客でにぎわっていた。

「品質の高さや見た目の美しさ、快適さが際立つ。国産メーカーの製品は使っていると不便なところが出てくる。比べものにならない」

結婚したばかりという江力葉《こうりきよう》（27）は、新居となるマンションが内装中で、温水洗浄便座「ウォシュレット」を新妻や両親と見ていた。予算は八千元（約十三万円）と教えてくれた。

ＴＯＴＯが海外向けに価格を抑えた新製品「ウォシュレットプラス」は、外観がすっきり。便座と一体化した便器の内部に電気の配線と給水の配管を収めている。機能面はタンクの水を電気分解で除菌水に変え、洗浄力がアップした。タンクの容量も以前の六リットルから三・八リットルや四・八リットルと小型になっている。

売り場責任者の謝文琴《しゃぶんきん》（50）は「快適さだけでなく、美観や節水、環境保護という付加価値もっていたのが人気の理由」と言う。今どきの中国人を引きつけるキーワードが次々と出てきた。

TOTOのショールームで、店員の説明を聞きながらウォシュレットの品定めをする地元客たち
＝中国・上海で（浅井正智撮影）

売れ筋は七千～八千元だが、一万元以上でも買う人は少なくない。所得向上もあり、江のように結婚し家を購入する若い世代は、店にとって最大のターゲットとなった。

ウォシュレットが大量に売れるようになったのは、ここ三～四年ほど。日本を旅行した人たちが体験し、おしりを洗ってくれる心地よさが広まっていく。

習近平《しゅうきんぺい》政権が二〇一五（平成二十七）年から号令をかける「トイレ革命」も、直接には公共トイレの整備を指すが、家庭で高機能トイレを求める意識を高めた。「賃貸マンションでも借り主がTOTO製品を使ってほしいと大家に頼むことがある」

中国調査会社の中商産業研究院によると、一七年の高機能トイレの販売台数は四百二十万台で、市場規模は八十三億三千万元（約千三百五十億円）。二三年にはそれぞれ二・六倍、三倍に成長する見通しだけに、競争は激しい。

上海の空の玄関口の浦東国際空港や市内の新しい公共施設のトイレに、ＴＯＴＯは数多くの製品を納入してきた。高級ブランドと認められている証しだが、謝によると、ＴＯＴＯと銘打ってネットで安く売られていた製品が全くの偽物だったことがある。「ＴＯＺＯ」など酷似するロゴも出回っている。低価格を売りにする地場メーカーは百社以上とされ、さながら「戦国時代」の様相を呈する。

安売り合戦に乗る気はないが、サービス向上は進める。ウォシュレットを設置する場合、古い家だと配線、配管の設備がないこともある。その工事を一七年から無料で提供している。謝は説明する。「中国人の購買力が高まるとともに製品やサービスに対する要求も高くなる」。応えなければ中国では勝ち残れない。

ショールームにいた中年男性が、ウォシュレットプラスから水が渦を巻いて流れる様子を見て、いぶかしげに尋ねていた。「これくらいの勢いで本当にきれいになるのか」。高価な物を買うとき、中国人は納得するまでしつこいほど質問する。

店員は「これまで買ったお客さんから苦情が来たことは一度もありません」と説明に余念がない。いわゆる横柄な接客の「中国式サービス」を思えば、はるかに丁寧だった。顧客第一の姿勢も信頼を支えている。

メモ　**ウォシュレット**　陶磁器を手掛ける名古屋発祥の森村グループのうち、北九州市に本社を置く衛生陶器国内最大手のＴＯＴＯが製造する温水洗浄便座の名称。米国から輸入していた医療用をベースに一般向けを開発し、１９８０年に発売。機能の進化とともに知名度を高め、日本の温水洗浄便座の代名詞にもなった。海外販売は86年の米国を皮切りに、アジアや欧州などで展開。２０１５年７月に世界累計出荷台数が４０００万台を超えた。中国では18年３月期の現地売上高43億元(約７００億円)の25％を占める。

2　ＴＯＴＯ(中)　足で稼ぎ　独り道開く

取引先の日本の商社が入るオフィスに、机と固定電話が一つずつ。ＴＯＴＯは一九八六（昭和六十一）年二月、中国・北京に連絡事務所を設ける。後に富裕層らの地位を象徴するブランドを築く足がかりは、たった一人の若者の赴任から始まった。

中国は動いていた。時の最高指導者、鄧小平《とうしょうへい》が七八年から掲げた「改革開放」が芽吹き、北京など都市部に外国人旅行者向けの高級ホテルが少しずつ建っていた。高級物件への採用は一度の受注数のみならず、ＴＯＴＯの名を広めるのにうってつけ。出張での売り込みを変えて常駐の社員を置くことにした。

未開の大陸に赴いたのは、入社一年目の安部壮一（57）＝現取締役専務執行役員＝だった。大学で専攻した中国語を買われたが、改革の息吹に「何か役に立つかな」と思ったぐらい。学んだ動機は漠としていた。

仕事の大半を物件を探すことに費やした。今の日本の観光庁に当たる旅游《りょゆう》局に足しげく通い、ホテルなどの建設計画を聞き出す。街頭で工事現場を示すクレーン車が見えたらタクシーで駆けつけた。建築許可の看板に書かれた設計者をメモしてはアポなしで事務所に飛び込んだ。「一日中、街を回った。非効率的でも、それしか道はなかった」と振り返る。

まだ衛生陶器の高級市場はなく、物件を見つけても、売るのは難しい。中国の地場メーカーの水洗トイレが一万円で買えるとしたら、ＴＯＴＯ製は十万円もした。「価格を聞けば一歩引かれてしまった」

どうしたら納得してくれるか。建設会社の技術者らを日本に招くことにした。自社製品を採用するホテルに泊まって使い勝手を体験してもらい、北九州市の本社工場にも連れて行った。陶器を焼き上げる前に釉薬《ゆうやく》をかける工程は、すでにロボットを使って自動化していた。窯の温度管理を含め品質の確かさに驚いていたように見えた。安部は「カタログで説明する以上に価格の裏付けを信用

1996年、中国の販売代理店で国際事業トップの重渕雅敏さん（左から2人目、後に社長、故人）と製品を説明する安部壮一さん（同3人目）＝TOTO提供

してもらえた」と語る。

二年近くたち、安部は最初の注文を得る。夜行列車で大連に通い詰め、東北地方初の五つ星ホテル「大連富麗華大酒店」に水洗トイレ、浴槽など水回り製品一式を納めた。大規模な改修を経た今もＴＯＴＯのトイレが使われ続けている。

中国にとって、外貨を稼ぐ上でも外国人が泊まるホテルには本当に良いモノを使いたい。水を一回流せば、しっかり汚れが落ちる。水栓金具も丈夫。大連での実績が評判を呼び、赴任から約四年で採用された高級物件は北京や上海などで二十件ほどに上った。

当時の中国でアフターサービスの概念は薄かった。安部は、水の流れが悪いなど業者の施工不良が原因であっても、苦情には手厚く対応した。部品交換など簡単な作業で済むなら製品説明書を中国語に訳して送り、それでも難しければ日本から技術者を呼んだ。

「高いからこそ、その価値を顧客に十分に分かってもらう。今風に言えば、TOTOファンになってもらう地道な活動に日本も中国も違いはない」

八九（平成元）年六月、学生らの民主化運動「天安門事件」が起きると、中国経済が停滞する。安部は香港にいったん転勤し、風向きが変わる機会をうかがった。

メモ　中国の改革開放政策　最高指導者だった鄧小平の主導で、1978年12月18日開幕の共産党第11期中央委員会第3回全体会議で定めた基本政策。計画経済から市場経済への転換を打ち出し、深圳など経済特区に外国からの投資を積極的に受け入れ、高度成長を実現した。経済面の自由化が認められ、2001年には世界貿易機関（WTO）に加盟。10年の国内総生産（GDP）の名目で初めて日本を抜いて以来、世界2位の経済大国となった。

3 TOTO（下）地産地消で流れ乗る

TOTOの初代中国駐在員だった安部壮一（57）は、日本人会の集まりで「中国で作って中国で売る」と話すと、「大丈夫ですか」とびっくりされた。天安門事件の余波が落ち着き、安部は中国に戻っていた。

一九九〇年代、多くの日本企業は、中国を人件費の安い「工場」とみなし、日本などへの輸出拠点と考えていた。国有企業などと合弁を求められる難しさも共通認識にあった。

TOTOは九三（平成五）年、北京の連絡事務所を「駐在員事務所」に昇格した。九四年には上海にも営業拠点を置く。中国で初の工場立ち上げが九五年に迫っていた。

北京に設ける工場は年間三十万～五十万台の衛生陶器を製造する能力を備える。全て中国で売り切ることを考えていた。安部は「内需１００％だったから（合弁を組んだ）地場企業と利害が一致できた」と明かす。

ほどなく中国政府は都市部で持ち家を認めだす。住まいの国有から個人所有への転換は、消費欲を大きく刺激する。安部によると、改革の流れは読んでいた。「家を持てると分かった途端、消費者はお金をためて長く使える良い物を求める意識に変わっていった」

社員だけでは広い大陸を回りきれない。信頼できる販売網が必要だった。主要都市の陶器街を回って販売代理店になる業者を探すも、軒並み断られた。商習慣の違いが立ちはだかった。入金は完工から三カ月先や半年先がざら。「代理店に卸して持ち逃げされることも想定できた」

リスクを避けるため先払いを認めてもらいたい。説得に役立ったのは北京工場の見学だった。安部は「中国から逃げない。地場企業になる意気込みで投資をしたことが分かってもらえた」と推し量る。

二〇〇〇年までに中国全土をカバーするように五十の代理店と契約を結ぶ。「ウォシュレット」の本格投入と重なった。

安部が単身で乗り込んだ三十年ほど前、公衆トイレでは用を足す様子が見えてしまう仕切りの個室があり

衛生陶器を成形する従業員ら。中国には現在、4カ所に衛生陶器の工場がある＝2018年、中国・上海で（TOTO提供）

ふれていた。その後の経済発展にも乗り、ＴＯＴＯは中国市場で成長を続ける。二三年三月期までの経営計画では売上高目標七千二百億円のうち、15％弱の千六十億円を中国で当て込む。

楽観はできない。消費大国となった中国には数百社の衛生陶器メーカーが存在する。競合相手が限られた温水洗浄便座を作る企業も百社を超す。「おしりを洗うから『ウォシュレットはすごいですよ』ではもう通じない。電子部品を組み立てられれば、そんなに難しくはない」

今、取締役専務執行役員で中国担当トップの安部は、未来を照らす道しるべに会社の社是を見いだす。

「良品と均質」「奉仕と信用」「協力と発展」――。日本陶器（現ノリタケカンパニーリミテド）から分社して四十五年後の六二年、社名が東洋陶器だった時に制定され、創業以来の精神を端的に伝える。

安部は代理店探しに苦労した際、社是を説明し共感を得た経験を忘れない。

「うちの製品をまた買いたいと思われるには、こちらの姿勢が大切。世代を超えて受け継いでもらえるようにしていきたい」。中国のＴＯＴＯとして生き抜く気概がある。

インタビュー

TOTOの安部壮一専務に聞く

TOTOの安部壮一専務

ＴＯＴＯ（北九州市）の安部壮一取締役専務執行役員（57）は約三十年前、入社間もない二十四歳で中国に赴任した。会社初の駐在員として、文化も習慣も異なる大陸で市場開拓に奔走した。今、経済大国となった中国はあまたの競合相手がひしめくが、製品の魅力を高め、新しい価値を提供し続けることで勝ち抜く考えを示す。

（酒井博章）

―中国で初の駐在員になりましたね。

「TOTOの海外部門は中国に力を入れていく矢先でした。大学で中国語を専攻した私は、入社翌年の一九八六年二月から中国へ赴任しました。何も分からない者が一人、放り込まれた感じですが、今では考えられないかもしれませんね。何か問題が起きれば会社の責任が問われます。当時は古き良き時代で、だからこそ良い経験ができました」

―高級ホテル向けに営業をかけましたが、理由は。

「著名物件への採用が一番のブランド発信でした。今、私は東南アジアも担当していますが、ミャンマーで最初の頃の高級ホテルに製品を納入すると、『こんな高級ホテルのトイレがTOTOなんだ』とみんなが知るところになるんです。高級物件でも、働く従業員や、会食で使うのは現地の人たち。製品を目にすることで認知度が上がり、実績が実績につながります」

―中国での苦労は。

「ある時、日本では当たり前の男性用トイレに付けるセンサーをホテル物件へ売り込もうと、日本からサンプルを持ち帰った。中国に着いて税関で持ち物を開けられた時、

『これは何だ』と聞かれました。小便器に付けると水が自動で流れると説明したんですが、怪しいモノと疑われました。別室に連れていかれて、何時間も。相手は見たことがないから、説明しようがない状況で大変でした」

――広大な国土をカバーする販売網を築いた。

「販売面のパートナーが代理店。北京工場を見学してもらって製品品質の高さを理解してもらい、最後に同意してもらう際は、強烈な酒を飲まなくてはいけなかった。アルコール度数が五〇～六〇度もある白酒（バイチュウ）を飲んで飲まされて。人としての本質を見られるんですね。酒文化は日本でもあるでしょうが、中国は濃かった」

――一般消費者にどうTOTO製品を響かせたんですか。

「常に新しい価値を提供し続けた。ウォシュレット（温水洗浄便座）が良い例で、中国でまったく認知されていない時代から代理店のショールームに置いてもらった。日本ではCMのうたい文句『おしりだって洗ってほしい』が普及を後押しした体験から、中国でも二〇〇五年からCMを打ちました。ウォシュレットそのものだけでなく、先進的な水回りメーカーだと印象づけたかった」

――今では中国市場は競合相手が数多く、さながら戦国時代。どう対抗しますか。

「三、四年前から地場メーカーが一気に価格の安い商品で参入してきた。値段では勝ちようがない中、デザインや機能でいかに付加価値を持たせ、差別化を図るかが重要です。中国も景気の波はあるでしょうが、長期的に見れば、人口が十四億人もいるので可能性は大きい。海外で一番大きな市場を成長させていかないと、私たちの海外事業は発展しません」

4 LIXIL 安く清潔 途上国救う

人が用を足すたび目にハエがたかる。臭いで顔もしかめる。バングラデシュ北西部のある農村は、月収一ドル(約百円)未満の家が多い。トイレはくみ取り式しかなく、ひどい臭いから、しらふで清掃はできず、酒を飲みながら。屋外での排せつも見られた。

今は変わった。立役者を「SATO」と言う。プラスチック製で、穴の上にかぶせるだけで使えるトイレの名を指す。排せつ物に少量の水を流すと、重みで弁が開いて穴へ落として弁は閉じるため、悪臭などはかなり減る。愛知県常滑市にあったINAXなどが前身のLIXIL(リクシル)グループが手掛け、バングラデシュでは二〇一三(平成二十五)年から二ドルほどで売っている。

開発は米国の研究室でひっそりと始まった。後にリクシル傘下となるアメリカンスタンダード社員だった石山大吾(41)らが担った。国連児童基金(ユ

SATOの仕組み

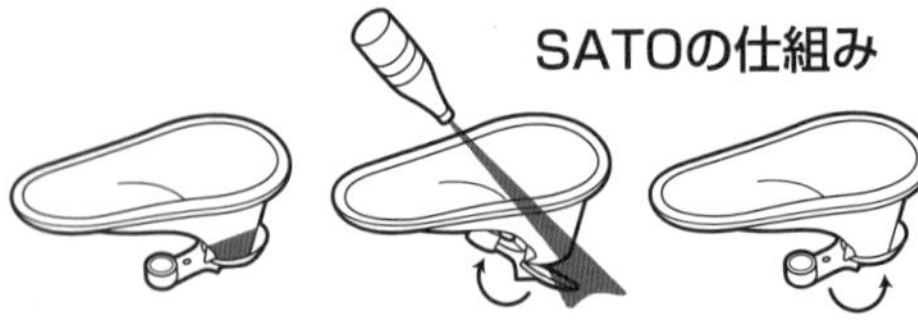

❶
排せつ
❷
水を流す。
重みで弁が開く
❸
弁が閉じ、
虫や悪臭を防ぐ

インド向けに改良した簡易式トイレ「SATO」を取り付ける現地の技術者たち。最終的には囲いが設けられる
=リクシル提供

ニセフ）の推計では、世界で二十三億人が衛生的なトイレが使えず、うち九億人が屋外で排せつする。不衛生による下痢性疾患で、五歳未満の乳幼児が毎日八百人も命を落とす。石山は何とかしたかった。

米ビル&メリンダ・ゲイツ財団の出資を受け、一二年、バングラデシュで調査に入った。「安さ」「設置が簡単」「丈夫」「少量の水で洗浄」――。聞き取りを重ね、求められるトイレの形が見えた。

石山が訪れた農村は貧しかった。それでも菓子を振る舞い、自宅へ泊めようとしてくれた。ある日、女性に「一日で一番好きな時間は」と尋ねた。女性は「農地から帰宅した夫と子どもにたわいもない話をするのが幸せ」と答えた。石山は「村人の優しさと心の豊かさに触れ、生活を向上する製品を作りたいと心から思った」と述懐する。

約半年後、望みを全て満たす試作品ができた。安価で早く提供するには地元企業と組むしかないと、プラスチックメーカーに片っ端から連絡した。現地の非政府組織（ＮＧＯ）関係者の仲介があり、最大手のメーカーに製造と販売を委託することになった。

ＮＧＯの職員が村々を訪れ、村全体で屋外排せつ撲滅を約束してもらった。ただ、頭では理解しても習慣から脱せない人もいる。村人全員に集まってもらい、職員が繰り返しトイレの必要性を説いた。

バングラデシュの屋外排せつ率は〇〇年の18％から一五年にはほぼゼロになった。担当部長の後藤淳一（52）は「トイレができても使われず物置になることも多い。根気よく付き合うＮＧＯ職員のおかげ」と話す。ＳＡＴＯは寄贈を含め八十万台以上が普及した。

リクシルは一六年、ＳＡＴＯの事業部を立ち上げた。途上国の課題を解決する意義がグループの求心力になると考えた。国ごとの事情に合わせて改良を重ね、インドでも一七年から本格展開している。

まだ途上国では、トイレは家庭でほしい物のリストに入っていないことが多く、スマートフォンなどが優先される状況がある。

現在、リクシル社員として世界を飛び回る石山は、取材にメールで答えた。「良い物を作ることは当然。需要を生んで製造・販売網をつくって初めて問題の解決につながる」。今も変わらぬ熱意を秘めている。

メモ

SATO　リクシルが途上国向けに展開する簡易式トイレで、セーフ・トイレット（ＳＡＦＥ ＴＯＩＬＥＴ）が名前の由来。バングラデシュを皮切りに、アジアやアフリカなどの26カ国に１８０万台以上を出荷し、９００万人超の衛生環境を改善したという。開発した米アメリカンスタンダードは、２００９年にリクシルの前身のＩＮＡＸがアジア部門を買収し、13年にリクシルが会社そのものを買収し子会社とした。

インタビュー

SATO開発に携わった石山大吾さんに聞く

SATO開発を担った石山大吾さん（LIXIL提供）

LIXIL（リクシル）グループが途上国で展開する簡易式トイレ「SATO」の開発に、技術者の石山大吾さん（41）が関わっている。最初に調査し、売りだしたバングラデシュでは、住民らと対話を続け、使いやすさを追求した。書面インタビューに「普及には需要を生んで、製造・販売網を築くことが重要」と強調した。

（酒井博章）

―携わるきっかけは。

「CAD（コンピューター利用設計システム）の専門家として、人々の生活に密着した産業で働きたいと考えていました。そういう意味でトイレは日常生活に不可欠だと思い、二〇〇二年、米アメリカンスタンダードへ入社しました。商品デザインに携わっていたところ、途上国の衛生環境に取り組んでいた米国人の上司から、バングラデシュを市場調査するプロジェクトに参加しないか、と声をかけられました。約三週間現地に入りました」

「調査したラジシャヒ県では、トイレ清掃員、学校、村のリーダー、村民らと面会しました。トイレの不備と、トイレがあったとしても臭くてハエが飛んでいる状況を知りました。どう考えても不快である状況をどうしたら解決できるだろうか。まず一番に感じたのは『穴をふさぐ』ことが大切だと考えていました」

「滞在中、シリコーンやテープなど現地で調達できる素材で試作タイプを作り、再度、意見を聞きました。（1）できるだけシンプルな構造で、壊れない（2）設置が簡単（3）安価（4）少量の水で洗浄できる―ことなどを開発に向けてインプットしました。また、教育を受けることができず識字率なども低い村で使い続けてもらうには、説明文などが不要で『誰にでも使えること』が必須条件と感じました」

──現地での体験が今も続く活動の原動力につながっているのでしょうか。

「貧しい生活の中でも、人々の優しさや心の豊かさに触れ、この人たちの生活を向上することができる商品を開発したいと心から思いました。余談ですが、米国に帰国後、イタリアンレストランでゲームに没頭している子どもや、スマートフォン画面を見続けながら食事をとっている家族を目の当たりにし、『本当の豊かさ』とは何なのかを考えさせられました」

──バングラデシュで当初設置された際の状況は。

「現行に近い試作モデルがユーザーや販売店の支持を受け、手ごたえを感じました。『おもしろい。クールなインベンション（発明）だ』との声をもらいました」

──今はリクシルの社員ですが、これからの活動は。

「今後も戦略的に衛生問題の解決に向け活動していきます。需要がない、製造する仕組みがない、物流などの売れる仕組みなど、途上国には先進国と異なる理由で物が売れない状況があります。特に衛生問題に関しては、家庭内のほしい物リストに入っていないことも多く、衛生環境設備の重要性を個々に認識してもらうためには、政府や自治体、さらに各コミュニティーとネットワークを持つＮＧＯやＮＰＯとの協力が欠かせません。良い商品を作るだけではなく、需要を創造し、製造網・販売網をつくるなど包括的な取り組みが必要となります」

5 フジクリーン工業
汚水浄化　広がる恩恵

二〇一五（平成二十七）年九月、フィリピン・セブ島で開かれたアジア太平洋経済協力会議（APEC）の高級実務者会合に、一人の経営者が呼ばれた。浄化槽製造の日本最大手、フジクリーン工業（名古屋市）の会長、渡辺嘉一（66）が三百人に訴えかけた。「アジアの美しいリゾート地を守るにも、浄化槽は必要な存在だ」。確信めいた思いがあった。

一八年、確信は現実に変わる。フィリピン中部のボラカイ島は、西側に延びる約四キロのホワイトビーチが知られ、米旅行誌が「世界最高の島」の一つに選んだこともある。その島が四月から半年、観光客の受け入れを止めた。さまざまな廃水の垂れ流しで周辺海域は「汚水のたまり場」と化していた。十月に訪問人数の制限付きで再開されたが、観光関連で三万人超の雇用に影響を与えた。

日本人に人気のタイにあるピピ・レイ島のマヤビーチも同様に閉鎖された。廃水などに起因する環境問題が波及する東南アジアの現状に、取締役海外事業部長の酒井利泰（59）は「川という川がどぶ川のようで、日本の高度成長期を見ているようだ」と指摘する。

急速な経済発展の陰で、下水道の整備は都市部でも数%という地域は多い。ほかの簡易な処理設備は維持管理が滞って機能していないが、廃水の処理基準だけは旧宗主国と横並びで存在する。もっとも規制はあってないような状況で、家庭や商業施設、工場からの廃水の多くは未処理のまま川へ流されている。

フジクリーン工業は一一年、東南アジアで浄化槽の売り込みを始めた。ベトナムの開発会社が「ハノイ郊外にある住宅街に六百基を入れてほしい」と依頼したのがきっかけだった。各国に浄化槽の認証制度は皆無で、余計なリスクを負う恐れがあったが、「下水道の敷設を待てば汚染は続く」と進出に踏み切った。

小規模でも下水処理場を造るには工期が一年半ほどかかるが、自社の浄化槽なら製造も含め工期は三分の一で終え、費用も半分で済む。浄化槽には必要な場所に必要なだけ置いて稼働できる利点もある。一六年の熊本地震では仮設住宅の建設と同時に、浄化槽による仮設処理場を造った。

「衣食住が足りて初めて水処理へと関心が向く」と酒井は言う。東南アジアで浄化槽を必要と感じる人は少ない。だが、どんなにトイレが改善しようと、汚水をきれいにして処理しなければ、健康にも関わる。

2015年、フジクリーン工業がベトナム・ハノイの市立幼稚園に設置した浄化槽＝同社提供

設置する意義を分かってくれる学校や工場を中心に、少しずつ出荷を続けた。輸出先はインドネシア、フィリピン、ミャンマーへ広がり、中国でも展開している。営業担当者が定期的に現地を訪れ、点検がてら維持管理を助言している。

酒井は「水」を「正直な存在」と考える。人が汚した分、相応の汚れを抱える。元に戻すには長い時間と多大なコストがかかることは、日本の半世紀を顧みれば明らか。

流域すべてに恩恵をもたらす下水道の効果は否定しないが、下水道が来るのを待てるほどの余裕がない地域は多い。「浄化槽をいくつか直結して使えば、小さな下水処理場と同じ働きをする」。地道に取り組む信念に、揺らぎはない。

メモ **浄化槽** 日本独自に発展した廃水の処理技術。固形物を沈殿やろ過で分離させ、水中にとけ込んだ窒素やリンといった有機物質を微生物などの働きで取り除いた上で、塩素剤で消毒して放流する。国内で現在、設置されるのは下水道処理区域外で生活廃水全般に対応する合併処理。フジクリーン工業は40％のシェアを持つ。環境省のまとめでは、累計輸出は2017年に1万2846基と15年時点の4倍で、うちアジアが77％を占める。

番外編

インドでトヨタ　トイレ革命

学校に建設、自宅普及へ教育

アフリカやアジアを中心に、世界で9億人近い人は自宅にトイレがなく、野外で用を足している。中でもインドは経済的な事情に加え、トイレを「不浄」とみなす宗教的背景が整備を阻む。野外での排せつは感染症や女性のレイプ被害を招きかねない。政府とNPO、トヨタ自動車の現地法人が連携し、劇的な改善を見せ始めた農村を訪ねた。（インド南部ベンガルール郊外チッカカルバール村で、山上隆之）

世界のＩＴ企業が集まる都市ベンガルールから車で二時間余り。牛が細い道をゆっくり歩く田園風景が広がる。チッカカルバール村の女児のラキシッタさん（11）は用を足すため一日に二回、家から八百メートルほど離れた川辺まで歩いた。思春期にさしかかった女児にとって、野外排せつは切実な問題だった。朝は午前

五時半までに済ませ、夜は午後八時以降にした。「農作業中の人たちに見られたくなかった。だから昼間は我慢した」。トイレに行かなくても済むよう食事や水を飲む量も抑えていた。

　ラキシッタさんはある日、教わったばかりの感染症の恐ろしさを理由に、父親のゴーダさん(46)に「トイレがほしい」と訴えた。養蚕業を営む一家の年収二万ルピー(約三万円)に対し、一万五千ルピーの設置費用は高すぎた。それでも、多くを州政府が補助する制度があると知り、二〇一七年一月、自宅にトイレができた。きっかけは、ラキシッタさんが通う村の学校だった。

　「TOYOTA」の文字が壁に入り、簡単な水洗式の女子用トイレがラキシッタさんの学校に完成したのは一六年三月。「持続可能な社会」を目指すトヨタはトイレを建設するだけでなく、地元NPOの「SNEHA(スネハ)」とともに教育を取り入れた「ABCDプログラム」を学校で始めた。

　「用を終えた後の手洗いは感染症を防ぐためです」「次の人が気持ち良く使えるようにトイレ掃除は自分たちで」――。NPOのスタッフが通い、朝礼の時

学校に完成した女子専用の個室トイレ
=インド南部チッカカルバール村で

手洗いの大切さを訴える歌をうたいながら、手洗いを練習する子供たち
＝インド南部チッカカルバール村で

間を使って子供らに繰り返し教えた。トイレの清掃方法も実践してみせた。

当初は学校の全児童二百四十人のうち、家にトイレがあるのは六十人だけだった。子供を通じ、親たちも野外排せつの問題点を認識した。ＳＮＥＨＡ代表のラマサミーさん（60）は「現在は児童全員の家にトイレが設置された」と胸を張る。

手厚い意識改革まで組み合わせたプログラムはトヨタ独特の取り組みだ。これまでにトヨタが車両組立工場を置くラマナガーラ県内で、公立学校の35％に当たる五百二十七校で実施された。現地法人トヨタ・キルロスカ・モーターの立花昭人《あきと》社長は「トイレをつくるだけではいずれ管理が行き届かず、使われなくなってしまう。意識改革をしていくことが必要だ」と話す。

インドのトイレ普及　信仰、身分制が壁

○感染症や性被害　対策急務

インド政府とトヨタ自動車の現地法人などが連携してトイレの普及に取り組んでいるのは、宗教やかつての身分制度の壁を乗り越え、衛生で安全な社会を実現するためだ。

野外排せつは、排せつ物に含まれる雑菌が人の手やハエなどを介して体内に侵入し、下痢などの病気を引き起こす。国連児童基金（ユニセフ）は「トイレが不足し、手洗いの習慣もないため、世界で毎年三十六万人の子供たちが命を落としている」と警鐘を鳴らす。

インドでトイレの設置が進まない背景に、国民の八割が信仰するヒンズー教の教えがある。トイレを「不浄」とみなし、家につくることを嫌う人が多いとされる。身分制度「カースト」が根強く残り、「トイレ掃除をするのは下層の人」との差別意識も影響。せっかくトイレを

インドの学校の女子用個室トイレ
※チッカカルバール村の例

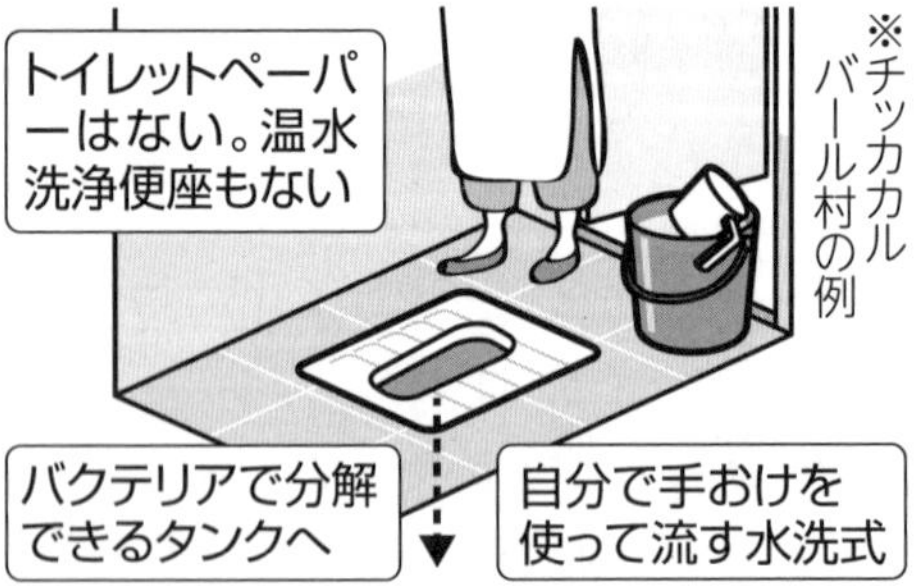

トイレットペーパーはない。温水洗浄便座もない
バクテリアで分解できるタンクへ
自分で手おけを使って流す水洗式

設置しても管理する人がおらず、汚れたまま使われなくなるケースも多いという。

政府もトイレ普及に本腰を入れている。インド北部の村で二〇一四年、用を足すため夜間に外出した十代の少女二人がレイプされて殺害される事件が発生し、大きな社会問題になった。この年に就任したモディ首相は、一九年までに野外排せつをなくす「きれいなインド」運動を始めた。

貧困層向けに補助金制度を設け、トヨタ自動車など国内外の企業の支援も本格化。人口十三億人のインドで、野外で用を足す人数は政府の推計で、運動を開始した一四年十月の五億五千万人から、一八年一月には二億五千万人に半減している。

第八章 価値を求めて

中部の産業界とアジアとの関わりが変わってきた。進出や貿易にとどまらず、アジアの人や会社をパートナーとして頼りつつある。企業としての活動をいかに現地で持続できるかも問われている。新たな価値を求める動きを伝える。

1 大成
欠かせぬ技能実習生

昼下がりの名古屋駅前の地下街「ユニモール」で、点字ブロックをモップで拭き、ガラス扉をぞうきんで丁寧に磨く女性がいた。「仕事は忙しいけど、楽しい」。ビルなどの清掃を請け負う大成（名古屋市）の外国人技能実習生で、ベトナム人のレー・ティ・ロアン㉕は白い歯を見せた。

ビル清掃員は求人を出しても集まらず、すぐに辞めることも多い。技能実習制度の職種に加わったのを受け、大成は二〇一六（平成二十八）年十一月、初めてベトナムから十三人の女性を受け入れた。

その一人のレーは、母国ではスマートフォンの部品工場で働いていた。「家族のために、お金を稼ぎたかった」。保護者説明会を開き、手取り額などの待遇を事細かに示す大成で働くことを決めた。

日本で最初に学んだ言葉は「状況判断」だった。トイレの清掃時は入ってきた利用者を優先し、作業を中断する。あいさつの徹底も教え込まれた。「失礼します。清掃に参りました」に始まり、終われば「失礼し

地下街のガラス扉を磨くベトナム人技能実習生のレー・ティ・ロアンさん＝名古屋市中村区のユニモールで

ました」と呼び掛ける。

日本人の社員と同じ教育を受け、その教えを愚直に守る彼女らの姿は、清掃先で好印象を持たれている。

当初は社内で受け入れに異論もあったが、専務取締役の加藤憲博（38）は「先行きを考えれば、外国人に頼らざるを得ない」と話す。ベトナム人は親日的で勤勉に映り、「パートナーとして適していた」と感じた。

さまざまな職種で働く技能実習生を巡っては、低賃金や差別的な扱いも指摘されている。「知り合いの農業の実習生は雨の日や冬に仕事がなく、給料も少ない。普通のスーパーでは買い物もできないと聞いた」。大成の社員として実習生に日本語を教え、生活面も支援するベトナム人のチャン・ティ・トゥイ・ロアン（28）は打ち明ける。

大成では、最低賃金より高い基本給から、社会保険料や家賃の自己負担を引いた手取りが月十一万～十二万円。残業があれば残業代が加わる。名古屋と東京にある自社寮は、スマホを使いやすいよう無線ＬＡＮのＷｉ‐Ｆｉ（ワイファイ）を完備している。浜松と福岡、仙台には借り上げ社宅を用意した。

受け入れて分かることもある。一部屋に三～四人が住む中、いざこざが起きた経験から、部屋決めを会社から実習生の手に委ねた。今では約六十人が実働している。多くは裕福ではない農家の出身だが、週二回の休日は「みんなでイオンなどに行く」とレーは言う。さらに来日前の日本語を学ぶ女性が約三十五人いる。

大成はベトナムの同業大手を傘下に収め、実習生が帰国後に学んだ技能を生かせる職場も整えている。日本では一七年、実習生の受け入れを検討する同業他社への助言事業を始めた。実践的な教育方法やマナー、給与体系などを約二十社に提供している。加藤は「周辺国のカンボジア、ミャンマーでも同様の事業を展開したい」と意気込む。

政府が受け入れを拡大する外国人労働者の職種には、ビル清掃も含まれる。実習生は三年以上の経験があれば、技能や日本語の試験を受けなくても、さらに五年働けるようになる。加藤は「真剣に取り組んできた企業にはありがたい」と評価するが、まだ対応は決まっていない。「細かく状況を見定めていく」。会社にも実習生にも良い制度になるかに目を向けている。

メモ **外国人技能実習制度と外国人労働者の受け入れ拡大**　技能実習制度は、日本で得た技術を母国の経済発展に生かしてもらうため、１９９３年に創設された。現在の対応職種は建設、各種製造、農業など50に上り、厚生労働省まとめで２０１８年10月末現在、約30万人。18年末に成立した改正入管難民法では、14業種に新たな在留資格「特定技能1号」が設けられた。政府によると、19年度から５年間の最大受け入れ見込みは14業種で計34万人。うちビル清掃に当たるビルクリーニング業は３万７０００人。

2 オーエスジー
新卒獲得　進む国際化

元徴用工訴訟の判決で日韓関係が揺れだした二〇一八（平成三十）年十一月、韓国の首都ソウルのホテルで、日本企業への就職面接会が開かれた。小売業から製造業まで約百社がブースを並べる会場に、スーツ姿の学生たちが続々と入ってきた。

「韓国は語学などの取得資格で評価する企業が多いが、日本の企業は可能性を見てくれる」。私立大の貿易学科で学ぶ男子学生（25）は、日本を目指す理由を語った。二日前の釜山会場と合わせ、参加者は二千人に上った。

就職面接会は大韓貿易投資振興公社（ＫＯＴＲＡ）などが催した。若年層の失業率が10％に達するほどの就職難が背景にある。サムスン電子や現代自動車などの一握りの大企業が人気だが、採用数は限られる。ほかの企業は待遇面で格差が大きく、就職に二の足を踏む若者が多い。

そこで韓国は国を挙げて海外への就職を後押ししている。三重大（津市）に留学経験がある女子学生(24)は「国内での就職は本当に難しい。日本で文化を学びながら働きたい」と流ちょうな日本語で話した。

会場の一角に、愛知県豊川市に本社を置く切削工具大手のオーエスジーがブースを構えていた。穴を開けるドリル、穴の内側にねじ山をつくるタップなどが製品の主力で、自動車や航空機、精密機械まで、さまざまな分野を支えている。韓国の大企業との取引もある。

創立から三十年後の一九六八（昭和四十三）年に米国に初の海外拠点を設け、今では三十三カ国に拠点を持つ。それでも本社で活躍できる外国人を採用するため、海外での就職面接会に参加するのは初めてだった。

人材の多様化が念頭にある。「さまざまな価値観や発想を仕事に反映してもらえば、会社の新たな動きにつながるのではないか」。総務部長の川村淳一(56)は語る。オーエスジーに約二千人いる社員のうち外国人はまだ珍しく、この数年でタイ人や中国人が加わった。

多くの韓国人学生が詰め掛けた日本企業の就職面接会
＝韓国・ソウルで（河原広明撮影）

川村は「海外の現地法人での勤務が前提ではない。日本人の学生と同じように本社で働いてもらう」と強調する。連結売上高千三百億円超のうち、アジアは25％弱と、日本の40％強に次ぐ。進出拠点では、取引先との交渉などで本社勤務を経験した人を求める需要も高まっている。

韓国の就職面接会で理系の学生を募集したところ、二十数人がブースを訪れた。年が明けて一月下旬には再びソウルに足を運び、六人の最終面接を終えた。今度は韓国軍艦による自衛隊機へのレーダー照射問題が持ち上がっていた。会社側の若干の心配をよそに、工学部で学ぶ男子学生は「ものづくりなら日本が一番。韓国に戻るつもりはなく、両親も日本に呼ぶ」と訴えた。

国籍や出身大学にこだわりはないが、川村には「アジアは日本と文化が近く、入社後もなじみやすいのでは」との思いもある。台湾や中国でも同様の採用機会を模索していく。

「最初に入る人の仕事ぶりで、継続するかどうかが決まる。そんな思いで取り組んでほしい」。川村は会社に吹き込む新風を期待している。

メモ　海外大卒の外国籍社員の採用　就職情報会社ディスコが2018年12月に実施した調査（全国732社回答）によると、大卒以上の外国人材の雇用経験のある企業（予定を含め全体の68・2％）のうち、18年度に海外大卒を採用した企業は25・7％と前年度から5・6ポイント増えた。19年度には31・5％が採用を予定している。重視する出身国・地域（複数回答）は東南アジアが最も多く、中国、台湾、韓国と続いた。

3 ＶＡＩＯ（上）
高品質保ち協業拡大

北アルプスの山脈をあしらった濃紺の押印は良品の証し。パソコンなどを生産するＶＡＩＯ（バイオ）は、長野県安曇野市にある本社工場で、五十項目に及ぶ検査を経て製品を出荷する。どんなに微細だろうと、傷も、てかりも、染みも許さない。「安曇野フィニッシュ」と呼ぶ最終確認が、正社員二百五十人の会社でも国内外の大手と渡り合い、海外市場で復活する道を開いた。「品質を極限まで高めることが、小さな会社の牙城になる」。社長の吉田秀俊(62)はきっぱりと語る。二〇一七(平成二十九）年に再進出した中国では、ネット通販大手の京東集団（ＪＤドット・コム）と組む一方、安曇野からの輸出にこだわる。

もともとはソニーのパソコン部門だった。音響や映像の機能

品質確認済みを示す「安曇野フィニッシュ」のスタンプ
＝長野県安曇野市で

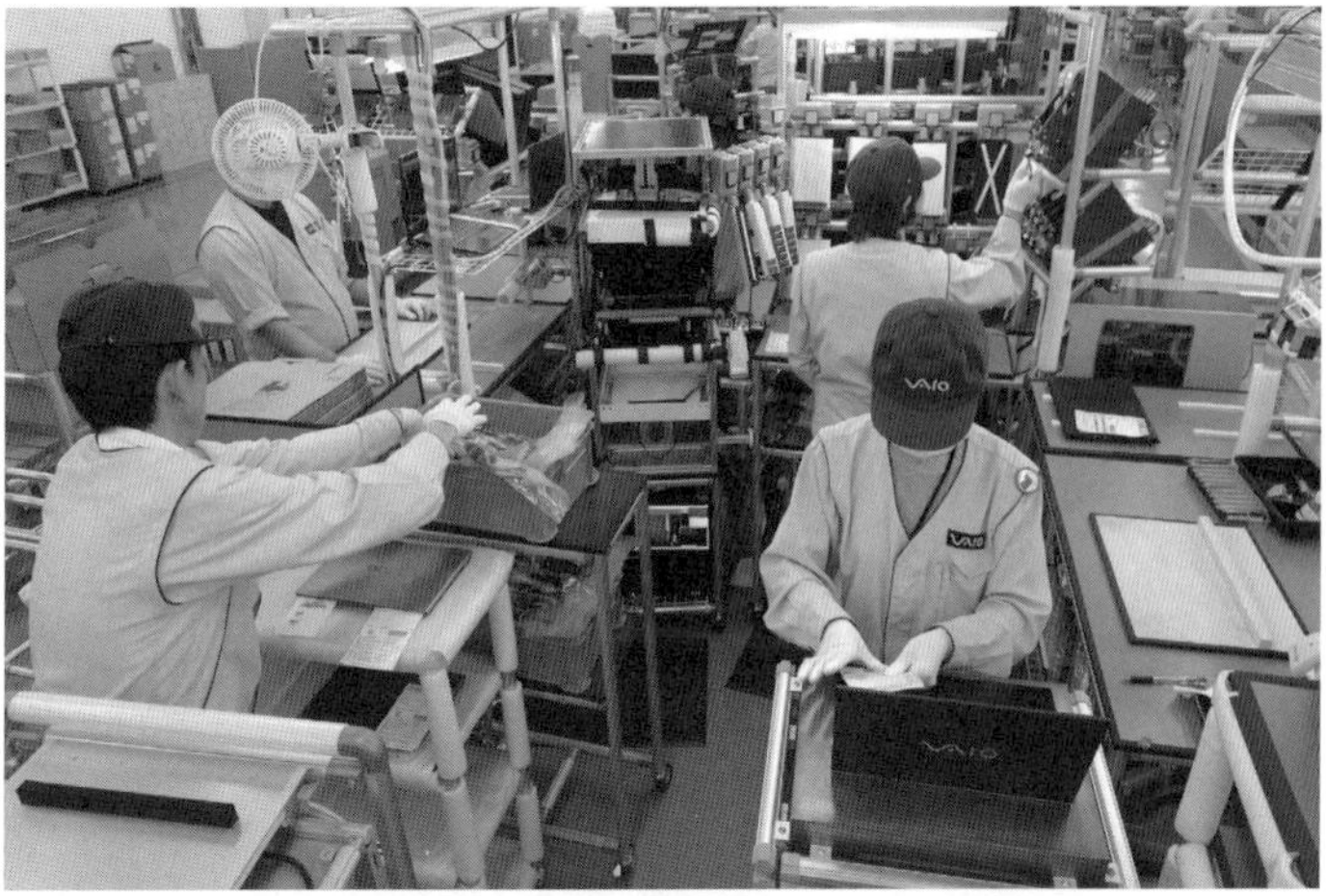

1台1台に行われる出荷前の検査作業＝長野県安曇野市で

を強みに、一九九七年に発売したノート型「505」は、折り畳んだ厚さが三センチ以下で、薄型ノートの先駆けとなる。銀色のボディーも「銀パソ」のはしりとされ、三十万円前後の価格でも「ソニーらしさ」が支持された。

次第にソニーはアジアなど新興国市場に力を入れ、ピークの二〇一一年度に世界で八百万台超のパソコンを売った。しかし、中国で大量生産を委託し、低価格の路線にもかじを切ると、独自の魅力が弱まった。パソコン事業は赤字から脱却できず、一四年、独立する形で製品ブランドと同じ社名のバイオが生まれた。

人員は千百人から中小企業の規模となり、生産目標も年間三十五万台ほどに。吉田は「最初のテーマは会社の生き残り。ブランドを損なうことが何より問題だった」と振り返る。海外から手を引く中、ものづくりを鍛え直した。

日本や中国で調達する部品は、安曇野に集めて組み立てる。不良品を出さないよう設計段階から品質を作り込んだ上で、出荷前の検査を徹底した。返品率は、他社より低めだった独立前から、さらに三分の一以下に減った。海外営業部長の小口義孝（52）は「ブランドに対するプライドを一人一人が持ち、信頼向上に当たっている」と話す。

経営が安定してくると、ソニー時代につまずいた「海外」を意識した。「バイオを求める根強い声に応えたかった」と吉田は言う。アジアでは最初に中国で販売を復活させたが、待っているファンは多い。

一八年六月には香港メーカー「ネクストゴー」との提携を発表し、シンガポールやマレーシアを含む四カ国・地域で販売を委ねるようになった。売れ行きによっては、ネクスト社が設計から生産まで手掛けるパソコンをバイオの名で販売することも検討している。

バイオはライセンス収入を得る仕組みで、既にブラジルで進む協業の形でもあった。現地パソコン大手が操作のしやすさなど特徴を盛り込んで製品を設計し、バイオが監修する。小口は「顧客が目で見て、手で感じるバイオの感覚をデザインしてもらい、ブランドの品位を保つ」と説明する。

国や地域によって、市場投入の形は変わってくる。「パートナー企業の性格やレベルに応じて、総合的にブランドを管理し、世界に知られたブランドのバイオをもう一度確立したい」。吉田が自信をのぞかせるように、小所帯を成長させるための協業は日本でも始まっていた。

4 VAIO（下）ものづくり　姿勢共有

東京湾を望むホテルの会場で二〇一八（平成三十）年十一月、華々しくセレモニーが開かれた。台湾の液晶ディスプレー世界大手「ＢｅｎＱ（ベンキュー）」が、パソコンで知られるＶＡＩＯ（バイオ）との協業を発表した。ベンキュー製の電子黒板をバイオの冠を付けて日本の法人向けに販売する。「両社で働き方改革に革新を起こせる」。ベンキューアジアパシフィック社長のジェフリー・リアン（41）は意気込んだ。

きっかけは半年前にさかのぼる。東京ビッグサイトで開かれた文教関連の展示会に、バイオ社長の吉田秀俊（62）が一人で足を運んでいた。パソコンなどに次ぐ事業の「手札」を探していたところ、ベンキューの電子黒板に目を奪われた。高精細の４Ｋ画像で抗菌パネル、セキュリティーも高い。「驚いて、すぐ商談を持ち掛けた」

一四年にソニーから独立後、販路を個人向けから法人向けへ移していた。スマートフォンやタブレット端末に市場を奪われつつある個人向けに対し、ビジネスでほぼ確実にパソコンが使われる法人向けは需要変動が小さい。働き方改革の提案にも取り組む中、どう売り上げを上積みできるかは、日本ビクター（現ＪＶＣケンウッド）社長などを経て、一七年からバイオ社長を引き継ぐ吉田の使命だった。

目星はつけていた。会議の効率化に最適として、電子黒板が注目され始めていた。プロジェクターと違い、室内の照度を変えず投影でき、専用のペンで黒板に書き込める。その板書や資料は会議参加者の端末で速やかに見ることができる。パソコンとの相性も良く、在宅勤務など社外にいても情報共有がたやすい。

電子黒板の生産には関与しないでバイオが営業を手掛けることで協業はまとまる。「社長がそんな話を持ってくるとは」。再出発後、安曇野発のものづくりにこだわってブランド力を高めてきただけに、社内では動揺がみられた。

それでも吉田に迷いはなかった。「良いパソコンを作りましたが、赤字で倒産しましたとなっては駄

電子黒板の前で握手を交わすバイオの吉田秀俊社長（左）と、
ベンキューアジアパシフィックのリアン社長＝東京都港区で

目。経営者は会社を守り、伸ばす使命がある」

ベンキューは売上高二兆七千億円で、液晶ディスプレーで世界三位を誇る。〇一年の設立から急成長を遂げても、製品のブランドと品質を大切にしていることは、吉田が生産現場を視察して分かっていた。「デザインが良く、性能も保証されている」。自分たちのものづくりと共鳴できたから、「パソコンと併せて総合提案できれば、バイオの企業価値も高まる」と感じた。

ベンキューにとっても渡りに船だった。〇三年に日本法人を立ち上げ、個人向けの液晶モニターでは日本でもトップに近いが、法人向けはいまひとつ。リアンは「法人向けで強いバイオとの協力は利点がある」と強調する。売り上げ規模では百分の一のパートナーを「ブランドを大切にする価値観も共有できている」と語る。

バイオは製品ブランドにとどまらず、小さくとも「会社」として頼りにされる存在になってきた。吉田は確信を込めて言った。「国際的な協業と分業がわれわれのようなメーカーの生きる道です」

メモ　**VAIO（バイオ）**　2014年7月、ソニーから分離して設立。主力のパソコンは海外では米国、南米に続いて、17年の中国を皮切りにアジアでも販売。ロボットなどの受託生産も請け負っており、会話ができるロボットでは、トヨタ自動車の「キロボミニ」、講談社などと開発した「鉄腕アトム」型といった実績がある。18年5月期業績は売上高214億円、純利益4億8200万円。

インタビュー

VAIOの吉田秀俊社長

VAIOの吉田秀俊社長に聞く

ソニーのパソコン部門から独立したVAIO（バイオ、長野県安曇野市）は社名にもなったブランドの発信力を生かし、アジアで販路を広げている。「トップの使命はブランド価値をさらに向上させること」。こう語る吉田秀俊社長（62）に、ブランド戦略や海外展開を聞いた。

（酒井博章）

―パソコン事業は法人向け販売に注力しています。

「独立して会社の身の丈を縮めて、どう生き残るか。法人向けに力を入れるのは、ビジネスの現場では必ずパソコンが使われており、需要の変動が少ないためです。バイオの得意技は、持ち運びしやすいモバイルのパソコン。単に小型・軽量ではなく、ビジネスパーソンが快適に使えて、生産性が上がる製品を作ろうと、いろいろな意見を聞いて仕上げています」

―再出発した時は国内に市場を限定しました。

「バイオは社名そのものがブランド。品質を重視して本社工場で組み立て、出荷前検査を行っています。いわばメード・イン・ジャパンのこだわりですが、パワーもリソース（資源）も少ないバイオでは注力する分野も限られます」

「国内を優先させる半面、海外から『ほしい』という声が多かったんです。ソニー時代の不採算でパソコン事業を分割する形が取られましたが、国によっては成功していたんです。ファンの声を生かせないジレンマを抱えていました」

―アジアでは最初に中国で販売を再開しました。

「中国全土をカバーしている通販大手と組み、日本から輸出したパソコンを売っています。かつてのように家電店に展示する売り方は難しくなりました。通販大手からの意見は製品開発に生かします」

――輸出はコスト高になりませんか。

「製造原価は材料費と他の経費に分けられます。私たちより大量生産する大手は材料を安く調達できますが、開発費や労務費が高い。私たちは二百五十人と小所帯ですし、法人向けに注力することで、製造原価で見れば、ほぼ変わらない。しかもバイオは高価格帯のブランド。本業のもうけを示す営業利益できっちり利益を出せています」

――将来を見据えた戦略は。

「小さくまとまって生き残っていくには、今のままでも良いのですが、ここから売り上げを増やし、バイオの存在感を高めるにはどうすべきか。その答えが国際協業と国際分業です」

――具体的には。

「ブラジルでは現地最大手のパソコンメーカーを監修し、彼らが製造する製品をバイオのブランドとして販売しています。（中国以外の）アジアの販売で手を組んだ香港メーカーが望めば、ブラジルと同じやり方になってくるでしょう。日本では台湾拠点の液晶ディスプレー大手の電子黒板をバイオのブランドで発売しました。中国の通販大手との協業を含め、その地域に合わせて役割をシェアしながら、製品を販売に向けていくことです」

「私たちが戦力をしぼり切ったから、生まれたやり方です。今後もブランドを大切にしながら、バイオを大きく伸ばしていきます」

5 トヨタ 飲み水支援 培う信頼

大小のボトルを抱えた住民らが、二〇一八（平成三十）年七月に完成した浄水施設に向かう。インド南部ベンガルール郊外、ビダディ地区の幹線道路沿い。五ルピー硬貨（約八円）を投入すると、蛇口から二十リットルの飲料水が出てきた。

施設は、水道の水をろ過する装置や貯水タンクを内部に備える。壁には「ＴＯＹＯＴＡ」の看板がある。トヨタ自動車の現地法人「トヨタ・キルロスカ・モーター」が、工場を置くビダディを中心にインド国内の二十三カ所に設けてきた。

「とても助かっています。患者さんが安心して飲める水が毎日、二百リットルほど必要ですから」。ビダディの施設近くの病院に勤務する医師のクマール（51）は笑みを浮かべた。

下痢、胃痛、発熱…。住民は長年、水が原因とみられる病気に苦しめられていた。トヨタが一九九九年の工場稼働後、水源となっている近くの湖や地下水の水質を調査したところ、大都市ベンガルールから

流れ込む生活排水のほか、建材に含まれる化学物質などで汚染されていることが判明した。

世界で八億四千四百万人が安全な飲料水を利用できない環境で暮らしている。このうちインドは一億六千三百万人と最も多い。途上国で水・衛生支援に取り組む国際非政府組織（ＮＧＯ）のウォーターエイドによると、水道の未整備地域が多く、井戸の地下水に頼らざるを得ない。その地下水が近年、急激に減少し、水質悪化に拍車をかけている事情もある。

ところが、水道が未整備の農村部では人々が井戸水を自分で汲《く》んで、そのまま飲んでいた。せっかく水道が通っている地区でも、ろ過装置の劣化で十分な処理がされていなかった。実情を知ったトヨタは地元自治体から土地の提供を受け、浄水施設を設ける活動を二〇一二年に始めた。

「施設を長く使っていただくためには、しっかりとした維持管理も必要だ」。現地法人前社長の立花昭人（56）がこう語るように、設置して終わりではない。地元ＮＧＯと契約を交わし、住民からの料金収入を維持管理に充てている。

さらに「ボトルを何本も運ぶのは重た

トヨタ自動車の現地法人が設置した浄水施設。
5ルピー硬貨を投入すると、蛇口から20リットルの水が出る
=インド南部のビダディ地区で（山上隆之撮影）

施設内部の装置やタンク＝インド南部のビダディ地区で（山上隆之撮影）

くて大変だ」との要望を受け、トラックを使った無料の宅配にも乗り出した。トヨタ得意の「カイゼン」もあり、ビダディでの病気発生件数は大幅に減少したという。

インドではトイレを「不浄」とみなす宗教的な背景などから、自宅にトイレをつくらずに野外で用を足す人が多い。トヨタは農村部の学校で野外排せつの問題を認識してもらう教育プログラムも進め、住民らの意識改革を促している。

自動車メーカーのトヨタがインドの生活衛生の向上に取り組むのはなぜか。

「私たちは事業を展開するすべての国と地域で現地社会に貢献し、人々の暮らしを持続的により良いものにしたいと考えています」

一五年九月、トヨタ会長の内山田竹志（72）は浄水施設の完成式典に出席するためインドを訪れた際、首相のモディ（68）と会談し、きっぱり言った。

息の長い社会貢献は、進出した企業の覚悟を試し、その志を貫くことで信頼をもたらす。

6 住友理工
人を守り　企業は続く

冬の日本と打って変わり、気温三〇度の暑さ。インドネシアのスマトラ島北部で二〇一八（平成三十）年十二月、灰色の作業着にヘルメット姿の従業員が、天然ゴムの塊から落ち葉や小枝などを黙々と取り除いていた。

「徹底してきれいにしているな」。天然ゴム加工場を視察した住友理工（名古屋市）資材部の大口晃平（31）は、頼もしく感じた。ベルトコンベヤーやプレス機が整然と並び、通路に不要な物はない。清掃も行き届いている。

見ていたのは、生産工程や働きぶりだけではない。子どもはいないか。従業員の年齢幅を尋ねると、担当者は名簿を見せてきた。

氏名、性別、生年月日、宗教―。現地語だがアルファベット表記のため、何が書いてあるか、おおむね分かる。「従業員をリスト化して、作業ごとに適正配置している」。担当者が管理体制をアピールした。

住友理工は、環境負荷低減や社会貢献を掲げる国連の「持続可能な開発目標（ＳＤＧｓ）」の達

天然ゴム加工場でゴムから異物を除去する従業員＝タイ南部のスラタニ県で（住友理工提供）

成を経営方針に据える。とりわけ世界首位の自動車向け防振ゴムで、主原料となる天然ゴムの調達現場の労働環境を最重視している。ＳＤＧｓが決まった翌年の一六年、東南アジアの加工場で従業員の人権が守られているか確認を始めた。

三年間で訪れたのはタイ、インドネシア、マレーシア、ベトナムの計十五カ所で、出荷量ベースで九割の調達先を回った。異物の少ない良質ゴムを安定供給できる発注条件を満たすだけでなく、人権意識も高めているようで、児童労働や強制労働などはみられなかった。

課題はある。タイ南部スラタニ県の加工場では、従業員約二百五十人の半数が隣国のミャンマー人という。担当者は「政府の決めたルールに基づき雇っている」と説明したが、名簿は見られずじまい。担当者の言葉を信じるしかなく、不法就労や著しい低賃金の有無は確認できなかった。

通常、加工場には複数の天然ゴム農園から樹液が集まるが、これまで視察できたのは加工場に隣接する農園だけ。ゴムの木に傷をつけて樹液を採取するのは未明の作業でもあり、その様子はじかに見ていない。

企業の社会的責任に関する活動を担当するCSR部長の池田英仁（48）は「人権に問題が見つかれば、原料を調達できなくなる」と危機感を抱く。油脂業界では、食品や洗剤の原料となるパーム油の調達がこの十年ほどで大きな経営課題となった。アブラヤシの栽培による森林破壊を非政府組織（NGO）などが問題視し、業界は調達先の認証制度の整備を迫られた。

住友理工は天然ゴムで先んじて取り組もうと、調達先の視察に乗り出した。活動を始めた一六年には国連のフォーラムで発表した。

同様の活動は大手タイヤメーカーも取り組んでおり、一八年十月には、世界の関係企業やNGOなどが、天然ゴムの持続可能な供給を議論する組織「GPSNR」をシンガポールに設立した。農園や加工場での人権尊重のルール作りなどが期待され、住友理工も参画を検討する。

「社会からの要請は相当厳しい。しっかりとした調達先を確保しないと、企業として生き延びられない」。社長の松井徹（64）は意識を高く持つ。

見て見ぬふりはできない。逃げずに応えるほど、アジアとの関係は深まっていく。

メモ

持続可能な開発目標（SDGs）　2015年9月の国連サミットで採択された30年までの国際目標。貧困をなくす▽働きがいのある人間らしい仕事▽安全な水とトイレ▽気候変動対策―など17分野に上る。企業が取り組む経営指標としても注目されている。ＳＤＧｓは、Sustainable Development Goalsの略。

番外編
①

大垣精工　金型で親交

韓国に教え　教えられ

大気汚染を防ぐ製品に使うハニカム状の金型を手にする上田勝弘会長

玄関をくぐり、階段を上ると、日本語や英語、中国語と並んで韓国語の案内が目に入った。岐阜県大垣市の大垣精工は、自動車や家電、刃物向けなど幅広い金型をつくっている。「月に一回は韓国の企業が視察に来る」と、創業者で会長の上田勝弘（80）は話す。

社業の傍ら上田は韓国の大学を回って講座を開く。学生のインターンシップ（就業体験）も三十六年前から、国立ソウル産業大（現ソウル科学技術大学校）を中心に受け入れている。

金型は、さまざまな機械部品を量産するのに欠かせず、産業の「マザーツール」とも呼ばれる。韓国には多くの大学に専門の学部があり、即戦力の技術者を企業に送り込んでいる。

翻って日本は「町工場の学問だと考えられている」と、日本金型工業会の名誉会長でもある上田は訴える。中小企業が多い金型産業で中国や韓国が取って代わるのではないか。刺激と危機感から業界としても働き掛け、地元の岐阜大に二〇〇六（平成十八）年、金型の研究センターが発足した。

金型の製造に取り組む韓国人社員の劉賢相さん（右）＝いずれも岐阜県大垣市で

ソウルで開かれた一九八一（昭和五十六）年の金型展示会が、韓国との親交の始まり。経費で社員旅行もできると動機は不純だったが、サムスンなど大手との取引につながった。後に大垣市でモーター用部品を造る城山産業と起こした合弁会社「韓国城山」は、九四年に韓国の株式市場に上場を果たした。

大垣精工には現在、四人の韓国人社員がいる。金型の組み立てを担当する劉賢《ユヒョン》相《サン》（32）は「平等に扱ってもらえ、教育も手厚い」と働きやすさを挙げる。黄兌吉《ファンテギル》（35）は「会社は韓国の工業発展にも貢献していてありがたい」と、同僚に日本語を教えている。

人手不足の深刻さが増す日本では、多国籍の従業員の共生が求められている。「身構えることなく、相手のことをよく知ることが重要だ」。日韓関係がぎくしゃくしようと、上田は裸の付き合いを率先する。

今は中国市場に目を向けている。国家主導で環境汚染の改善が進む中、自動車の排ガス浄化の触媒向けに、多角形の幾何学模様のハニカム金型に力を入れる。

向き合う国がどこであっても、変わらない信念がある。「差別的な言動があれば、一発で解雇だと教育している」。その約束事に国籍の違いはない。

番外編②

地銀、ライバルとも連携

進出を強力支援

地方銀行は、アジアに進出する地元企業の支援を充実させている。取引先の助けになるとみれば、ライバル関係にある他行や他業種とも手を組んでいる。

「東海地方の製造業は、アジアでも元気。設備投資の相談が頻繁にある」と話すのは、十六銀行（岐阜市）海外サポート室課長代理の田代誠（32）。支店がない国で現地法人への直接融資が難しい場合は信用状を発行する。信用状で債務保証を約束し、現地の金融機関が代わりに融資する仕組み。二〇一七（平成二十九）年には北国銀行（金沢市）シンガポール支店を通じ、岐阜県の商社の資金調達を助けた。これまでにタイなど四カ国・地域で中小企業に十件の実績がある。

名古屋銀行（名古屋市）は、中国での企業向け融資の受け皿を持つ数少ない地銀として存在感を高めてい

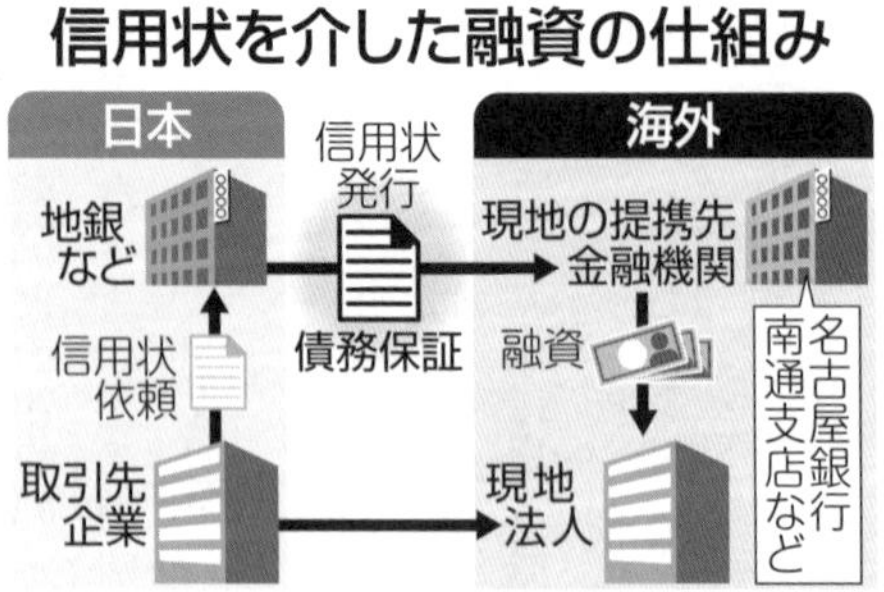

る。上海近郊の南通支店で一七年、悲願だった人民元の取り扱いを始め、東海のライバル地銀も含め全国の金融機関から信用状が舞い込む。人民元建て融資は、愛知県の自動車関連など既存の取引先から引き合いが強く、名古屋銀は直接融資も伸ばしている。外貨貸し出し全体額は当初目標の二〇年三月期より一年早く、百億円相当を達成する勢い。

三重銀行（三重県四日市市）と福井銀行（福井市）は一八年十一月、それぞれシニア人材紹介のサイエスト（東京）と業務提携した。三重銀では、タイやベトナムに工場を持つ企業が現地顧問として派遣する人材を求め、数件の交渉が進む。国際営業課の課長代理森江優貴（36）は「銀行だけではできないサービスが可能」と話す。

データは語る

アジアは、私たちの暮らしと密接に関わり、世界の成長市場とも目される。日本との歴史や文化、習慣が国ごとに異なる中、違いを乗り越える道を考えようと、中部の産業界とアジアとのつながりを追ってきた。どれほど結び付きは強いのか。人やモノ、企業の動きをデータから探った。

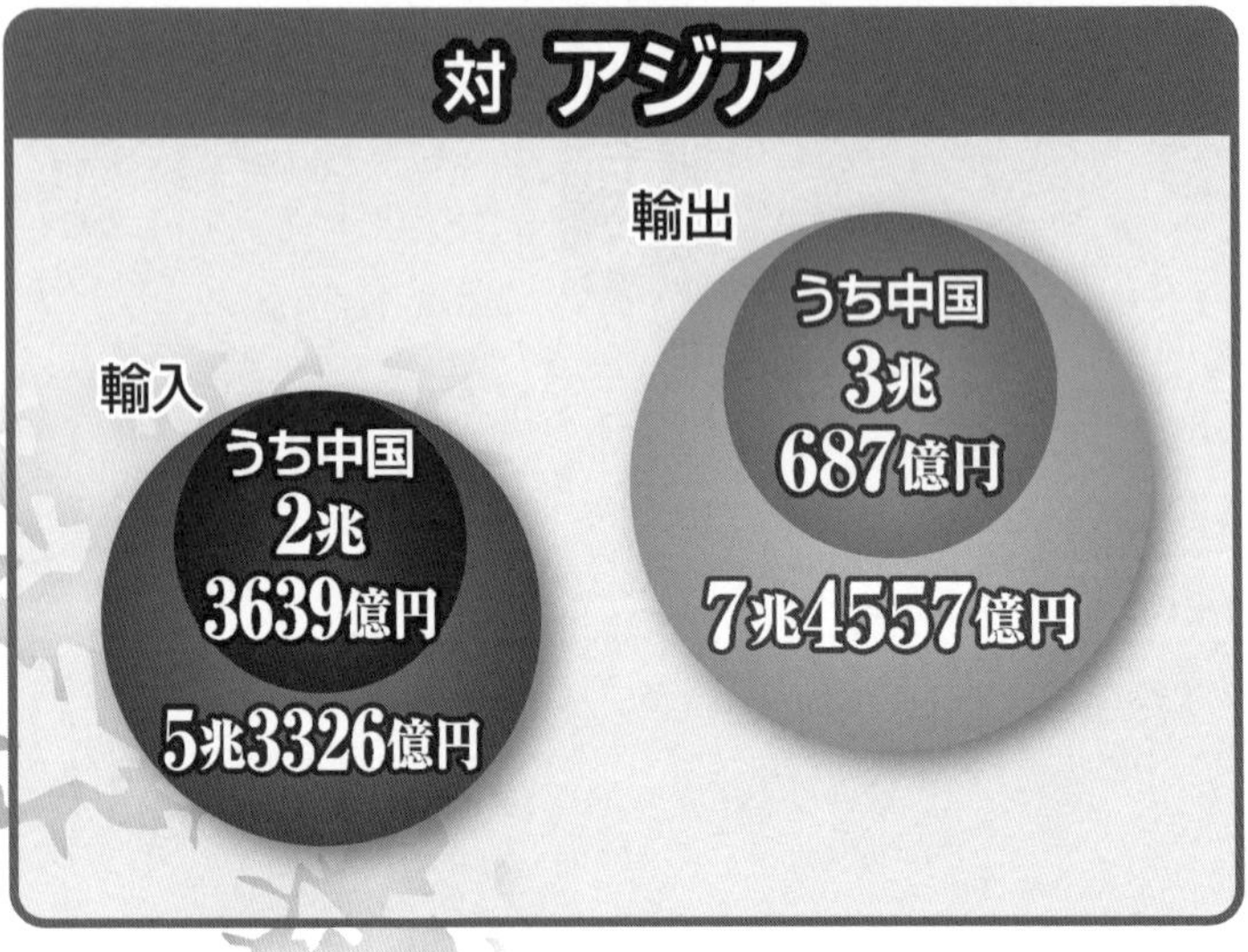

米国向けを圧倒

名古屋税関の管内5県（愛知、岐阜、三重、長野、静岡）の2018年貿易概況（速報）によると、輸出額は全体の38・5％がアジア向けで、米国向けを大きく上回る。輸入額は51・6％がアジアからで、米国からの5・8倍。このため輸出から輸入を差し引いた貿易黒字は対アジアが2兆円超と対米国の半分にとどまる。

米国向け輸出は、自動車が42・6％を占めており、金額も2兆円台とアジア向けの4倍も多い。

対アジアで比率上位の品目は、輸出が自動車の部分品15・5％、自動車7・3％、電気回路4・3％など。輸入は衣類7・8％、絶縁電源・ケーブル5・5％、液化天然ガス（LNG）4・1％など。米国向け輸

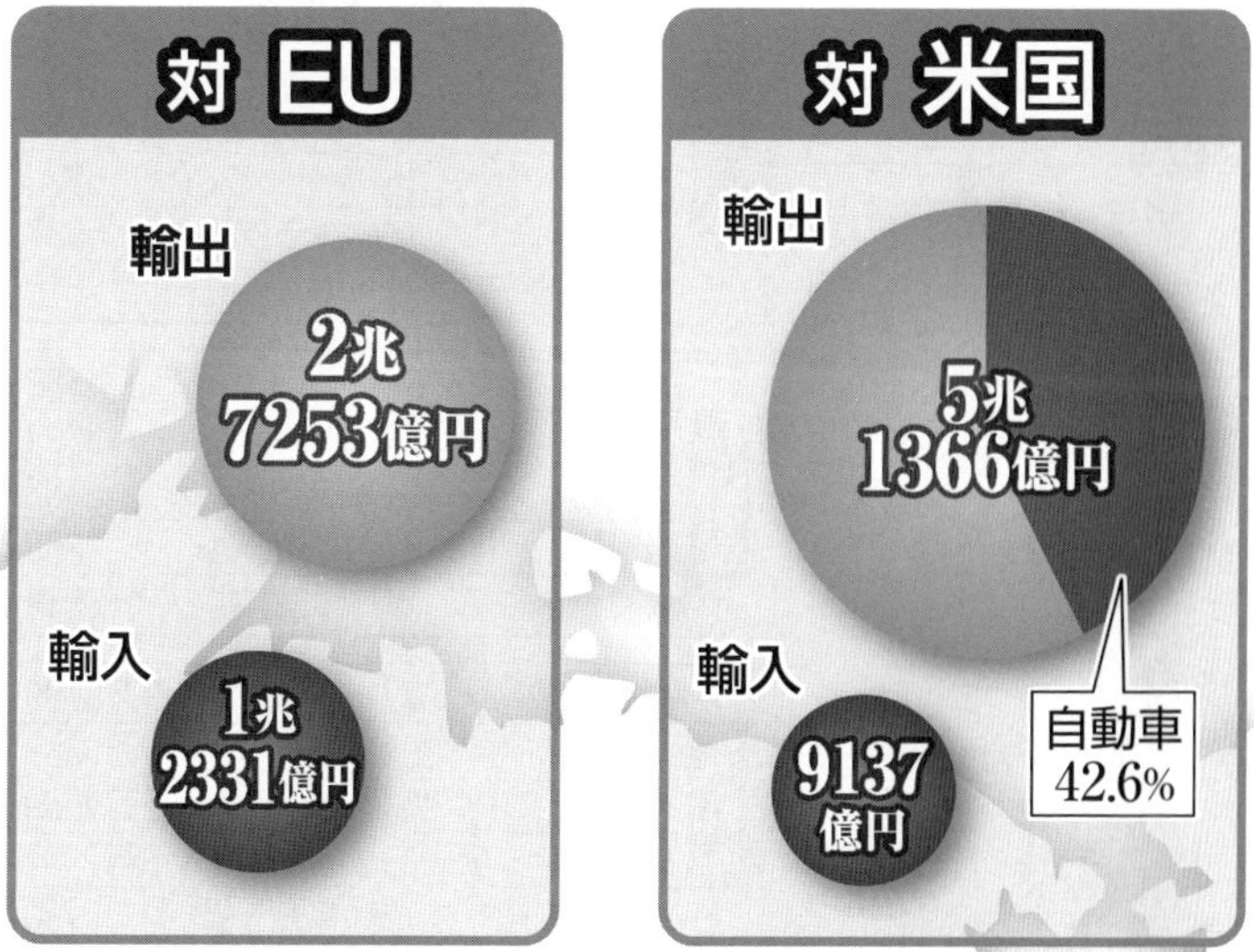

出の自動車のように突出した品目はなく、貿易で行き交うモノは幅広い。

アジアのうち対中国の貿易黒字は約７０００億円。全国では貿易赤字だったが、名古屋税関管内では黒字額が３年連続で増えた。ただ、米中貿易摩擦が長引くほど、影響が広がる恐れがある。

※輸出入のデータは名古屋税関管内の５県分

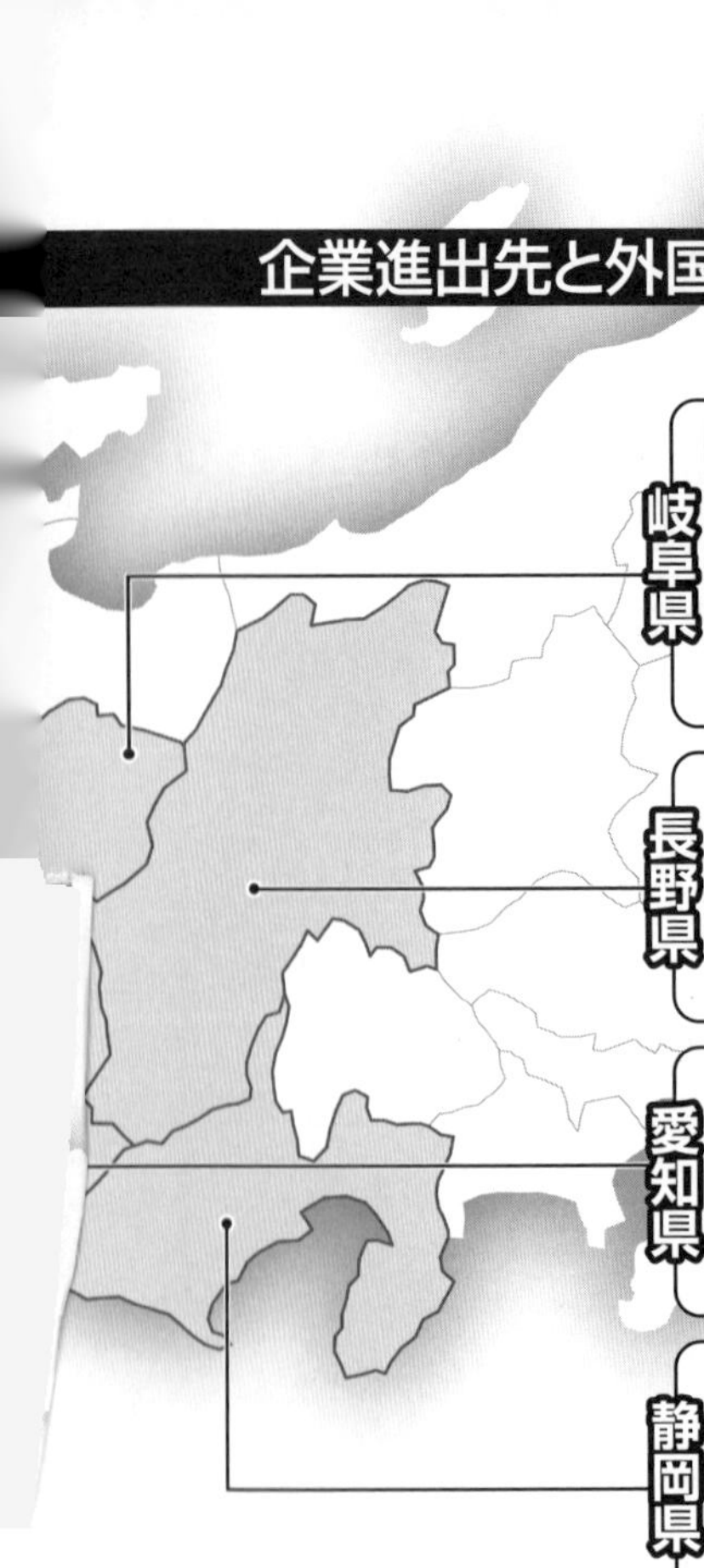

企業進出先と外国人労働者の上位国・地域

岐阜県

現地法人数		外国人労働者数	
中国	106	中国	7788
米国	20	フィリピン	7014
タイ	18	ベトナム	5970
ベトナム	12	ブラジル	5937
マレーシア	10	ネパール	618

長野県

現地法人数		外国人労働者数	
中国	83	中国	4536
タイ	29	ベトナム	3369
香港	24	フィリピン	3053
米国	21	ブラジル	2853
インドネシア	17	インドネシア	914

愛知県

現地法人数		外国人労働者数	
中国	617	ブラジル	3万8589
米国	304	中国	2万8238
タイ	259	ベトナム	2万7569
インドネシア	130	フィリピン	2万2291
インド	72	ネパール	6720

静岡県

現地法人数		外国人労働者数	
中国	183	ブラジル	1万8524
米国	91	フィリピン	1万1401
タイ	80	中国	7232
インドネシア	60	ベトナム	7072
ベトナム	42	ペルー	2772

アジアから日本へ来る労働者は、中部地方の産業界を支えている。厚生労働省が毎年10月末現在で集計する外国人雇用状況によると、中部各県の在留資格別で近年伸びが目立つのは「技能実習」。アジアからの実習生が人手不足を補っている実情もあり、今ではブラジル人などが多い「永住者」とほぼ変わらない人数となってきた。

2018年10月末時点の国籍別では、中国（香港など含む）、ベトナム、フィリピンがどの県でも上位に入った。中国、ベトナムは技能実習が多く、フィリピンは永住者や「定住者」の就労が目立つ。愛知では「専門的・技術的

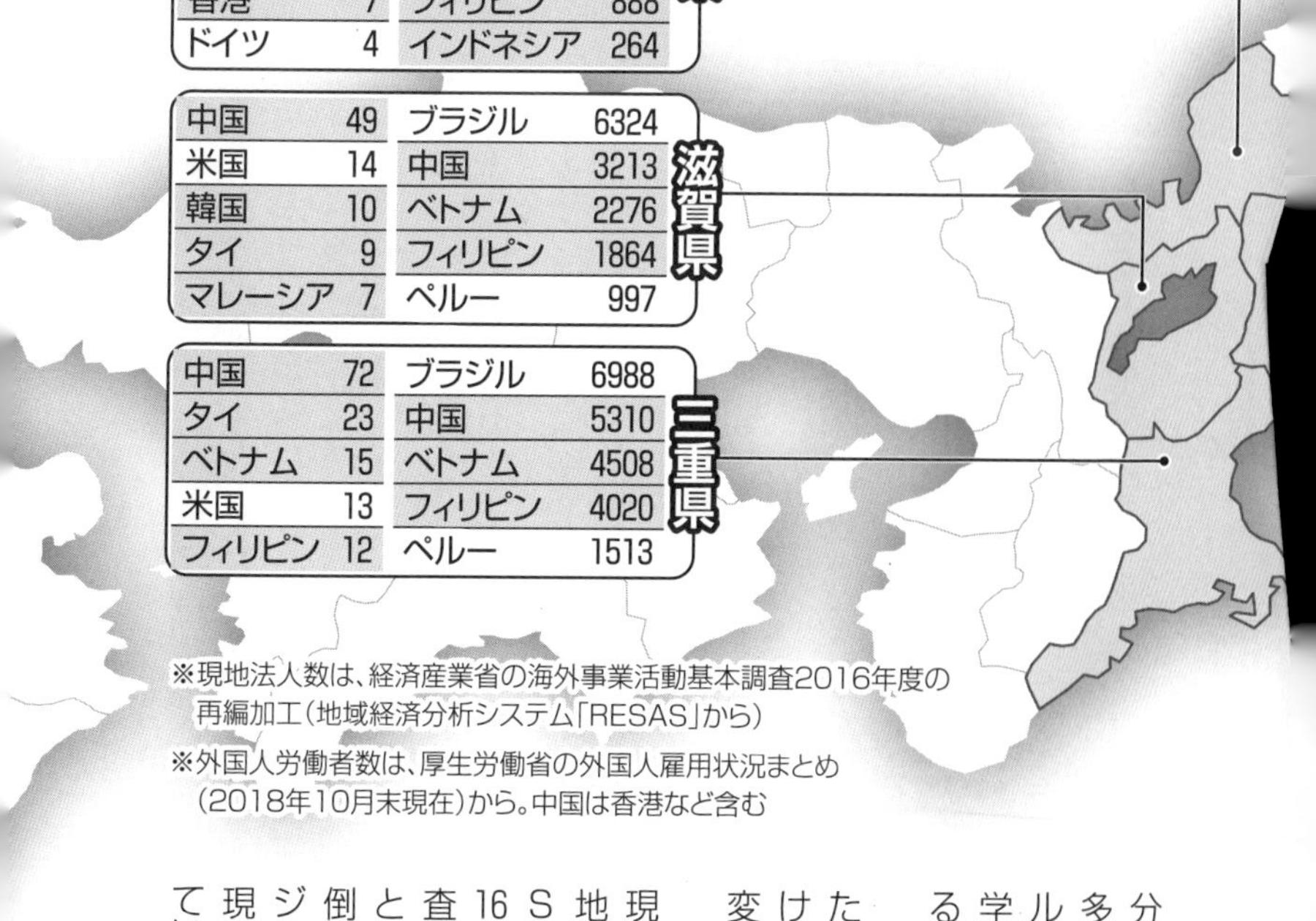

福井県

現地法人数		外国人労働者数	
中国	33	ブラジル	2595
タイ	9	中国	2179
米国	8	ベトナム	1824
香港	7	フィリピン	888
ドイツ	4	インドネシア	264

滋賀県

現地法人数		外国人労働者数	
中国	49	ブラジル	6324
米国	14	中国	3213
韓国	10	ベトナム	2276
タイ	9	フィリピン	1864
マレーシア	7	ペルー	997

三重県

現地法人数		外国人労働者数	
中国	72	ブラジル	6988
タイ	23	中国	5310
ベトナム	15	ベトナム	4508
米国	13	フィリピン	4020
フィリピン	12	ペルー	1513

※現地法人数は、経済産業省の海外事業活動基本調査2016年度の再編加工（地域経済分析システム「RESAS」から）

※外国人労働者数は、厚生労働省の外国人雇用状況まとめ（2018年10月末現在）から。中国は香港など含む

分野」に従事する中国人も多い。愛知と岐阜ではネパールが初めて5番目となり、留学生のアルバイトが増えているようだ。

人手が足りない業種で新たな資格「特定技能」が設けられ、19年以降の状況は変わる可能性がある。

中部の企業が海外に置く現地法人も、アジアが多い。地域経済分析システム「RESAS」から、経済産業省の16年度海外事業活動基本調査の再編加工データをみると、進出先として中国が圧倒的に多い。タイなど東南アジア諸国の比重も大きく、現地事業の活発さを裏付けている。

戦後アジア関係史

（★は国内外の出来事。会社名は断りがある場合を除き、現在の名称）

西暦（和暦）	出来事	頁
1945年（昭和20年）	★太平洋戦争が終わる	
1950年（昭和25年）	★朝鮮戦争が起こる（53年に休戦協定） トヨタ自動車が朝鮮特需で軍用トラックを大量受注し、経営危機を脱す	
1952年（昭和27年）	★サンフランシスコ講和条約が発効し、日本が国際社会に復帰。前年の講和会議でセイロン（現スリランカ）代表が日本の復帰を後押し	
1953年（昭和28年）	出光興産がイランから石油を輸入（日章丸事件）。2回目の取引で東海銀行（現三菱ＵＦＪ銀行）が信用状を発行して支援	98
1955年（昭和30年）	★アジア・アフリカ会議の第1回会議がインドネシアのバンドンで	
1956年（昭和31年）	日本の戦争賠償として、トヨタ自動車がビルマ（現ミャンマー）にランドクルーザーなど22台を輸出し、アジアへの輸出の皮切りに	
1962年（昭和37年）	トヨタ自動車がタイに現地法人を設立	41
1966年（昭和41年）	★中国で文化大革命、76年まで続く	

1967年（昭和42年）	★東南アジア諸国連合（ASEAN）が発足	
1971年（昭和46年）	トヨタ自動車がインドネシアに現地法人を設立	14、29
1972年（昭和47年）	ノリタケカンパニーリミテドがスリランカに現地法人を設立	85、92
	中国の自動車工業代表団がトヨタ自動車を訪問。トヨタは世界に先駆けて小型トラックの合弁生産を提案したが、当時は実現せず	
1973年（昭和48年）	★ASEANと日本の協力関係が始まる。天然ゴム生産国が日本の合成ゴム輸出に抑制を求めたフォーラムが契機	
	★第1次石油危機	
1974年（昭和49年）	田中角栄首相（当時）の東南アジア歴訪で、インドネシアのジャカルタで暴動が勃発。トヨタ自動車の現地法人社屋が焼かれる	12、15、30
	リンナイが韓国に現地法人を設立	73
1975年（昭和50年）	★ベトナム戦争がサイゴン（現ホーチミン）陥落で終わる	
1977年（昭和52年）	インドネシアでトヨタ自動車が「キジャン」を発売	19、30
1978年（昭和53年）	★中国で改革開放路線が始まる	184

西暦（和暦）	出来事	頁
1979年（昭和54年）	★イラン革命、第2次石油危機	
1983年（昭和58年）	★スリランカで内戦。2009年まで続く	88
	スズキがインドで自動車生産を開始	152
1986年（昭和61年）	TOTOが中国・北京に連絡事務所を開設	181
1988年（昭和63年）	韓国でソウル五輪開催。リンナイが聖火台を手掛ける	75
1989年（平成元年）	★中国で天安門事件	
1993年（平成5年）	★日本で外国人技能実習制度が創設	
1994年（平成6年）	韓国の株式市場に、大垣精工の現地合弁会社が上場	235
1995年（平成7年）	インドネシアに敷島製パンが出資する製造・販売会社が設立	116
	TOTOが中国初の衛生陶器工場を北京で立ち上げ	185
1997年（平成9年）	★アジア通貨危機	23

2000年（平成12年）	ヤマモリがタイ食品を日本で販売開始	132
	トヨタ自動車が中国でマイクロバスの自社ブランド生産を開始	
2002年（平成14年）	トヨタ自動車が中国で乗用車の自社ブランド生産を開始	
2004年（平成16年）	壱番屋が中国・上海に出店し、アジア進出	124、127
	トヨタ自動車が新興国向け世界戦略車「IMV」シリーズ投入。第一弾モデルの車両製造をタイで	49、51
2005年（平成17年）	中部電力が初の海外発電事業として、もみ殻発電所をタイで運転開始	105
2007年（平成19年）	台湾新幹線が開業。JR東海が技術支援	110
2008年（平成20年）	★米国発のリーマン・ショックで世界同時不況	
	ノリタケカンパニーリミテドが食器生産の大半をスリランカに集約へ	90
2009年（平成21年）	★中国の年間新車販売台数が初めて米国を抜いて世界トップに	
2010年（平成22年）	★国内総生産（GDP）の名目で中国が初めて日本を抜き、世界2位の経済大国に	

西暦（和暦）	出来事	頁
２０１１年（平成23年）	★東日本大震災、タイ大洪水	52、55、66
	フジクリーン工業が東南アジアで浄化槽の売り込み開始	201
２０１３年（平成25年）	バングラデシュでＬＩＸＩＬが途上国向け簡易式トイレ「ＳＡＴＯ」を発売	192
２０１４年（平成26年）	手羽先で知られる「世界の山ちゃん」の海外1号店が香港で開業	139
	ソニーのパソコン部門が分離し、ＶＡＩＯが発足	217、221
２０１５年（平成27年）	中部電力と東京電力が共同出資会社「ＪＥＲＡ」を設立。資源開発、燃料調達、火力発電、海外発電事業などを移管統合していく	104
	★持続可能な開発目標（ＳＤＧｓ）が国連サミットで採択	229
２０１６年（平成28年）	住友理工が東南アジアの天然ゴム調達先で人権保護などの視察開始	230
	シャープが台湾の鴻海（ホンハイ）精密工業の傘下に	
２０１７年（平成29年）	トヨタ自動車とスズキが業務提携に向けた覚書を締結。その後、インド事業で電気自動車の開発、完成車の相互供給などに合意	162
	トヨタ自動車でアジア初の現地生え抜き社長がインドネシア生産会社に誕生	22

2018年（平成30年）	東芝から分社した半導体大手の東芝メモリを日米韓連合が買収	157
	スズキがインドで累計2000万台生産	
	トヨタ自動車がタイで累計1000万台生産、日本、米国に次ぐ3カ国目	58
	★米中貿易摩擦が激しく	
	★日本など11カ国参加の環太平洋連携協定（TPP）が発効	
2019年（平成31年）（令和元年）	★日本で外国人労働者の受け入れ拡大を目指す改正入管難民法が施行（4月）	212
	中部電力と東京電力がJERAに火力発電事業を全面移管し、JERAは世界屈指の総合エネルギー企業に（4月）	
	★日本で改元、「平成」から「令和」に（5月）	

あとがき

ランチを終えて会社に戻る途中、足を止め信号待ちをしていた。「日本が最後に頼れるのはアジアじゃないのか」。二〇一六年秋、当時の林浩樹経済部長（現編集局次長）が発した問いが始まりだった。ほどなく米国では、『アメリカ・ファースト』を唱えるドナルド・トランプ氏が大統領選に勝利した。英国は欧州連合（ＥＵ）からの離脱へ動いていた。世界各地で自国第一の保護主義が台頭する中、確かに日本の立ち位置が試されていた。

エネルギー資源に乏しい日本は戦後、ものづくりの力を磨き、貿易国家として生き抜いてきた。同盟国の米国とは経済の関係も密接だが、トランプ大統領の登場で、これまで通りに貿易で潤っていけるかは分からなくなった。

日本はアジアの国々と地理的にも歴史的にも結び付きが強い。もっと関わりを深めることが「経済の安全保障」にもつながるのではないか。しかし、日本とアジアには太平洋戦争の歴史がある。苦い過去や民族、文化の違いを乗り越え、どう手を携えていけるか。中部地方の産業界とアジアとの関係をひもときながら、読者とともに展望する紙面企画を目指した。

本書に収めた中日新聞経済面の連載「共創　アジアへ」は計四十六回の本編のほか、取り上げた企業の経営トップ、キーマンらのインタビューを電子版「中日Ｗｅｂ」にアップしてきた。終了後、データや中小企業の動きを伝える特集も掲載した。心がけたのは、さまざまな企業が進出した国でどんなドラマがあり、いかにして理解を得ていったのか、ということ。担当した記者たちは、関係者を探し当てては生々しい証言を聞くことを繰り返した。

連載の皮切りにトヨタ自動車のインドネシア事業を選んだのは、現地法人の立ち上げ間もなく社屋が図らずも焼き討ちされてから、現地の人たちと共存していく意識を強めた過程が、私たちの趣旨そのものと感じたからである。つてを頼って当時の現地法人社長の肉親と会うことができ、さらに現地でトヨタの仕事に関わり続ける女性を紹介してもらえた。

あえて取り上げた人物もいる。日本兵としてインドシナ半島で終戦を迎え、生死をさまよった男性はタイトヨタに入り、日本人とタイ人の社員の橋渡しに努めた。生きていれば九十代前半になるが、消息は分からずじまい。それでもタイトヨタの現会長が若い頃に受けた教えを覚えていた。

戦後復興期、出光興産がイランから石油を輸入する際、東海銀行が支援した経緯の取材では、当時の役員の息子さんの家を探し当て、アポなしで話を聞かせてくれた。人と人の縁に恵まれて事実を積み上げられた思いがある。

掘り出した逸話の数々は、実に興味深い。ノリタケのスリランカ、スズキのインド。それぞれ南アジアで後に社業の鍵を握る工場を建てた際、まず従業員に教えたのが掃除だった。日本発の食が受け入れられていく努力に「なるほど」と思えば、日本のトイレ文化を中国で普及していくため新入社員の男性が最初の駐在員に抜てきされたと知って目を丸くした。

世界経済が揺れ動く中、記者たちは日々のニュース対応に追われながら、アジアと真摯に向き合い続けた。経済部だけでは難しかった現地取材には、バンコク支局と上海支局が加わり、大いに助けられた。おかげで企業人らの埋もれた史実に光を当てることができた。

もはや日本がアジアの国々に、ものづくりやビジネスを教え、現地生産で貢献すればいい時代でもない。外国人労働者の受け入れ拡大が国会で決まると、人手不足に悩む企業が技能実習生をどう受け入れているかに迫った。国境を越えて企業同士が価値を認め合う協業、持続可能な共存の在り方にも踏み込んだ。

経済部では一四年から一五年にかけ、長期連載「時流の先へ」の三部作「中部財界ものがたり」「中部財界ものがたりⅡ」「トヨタの系譜」を出版した。中部経済界の成り立ちと現在を追う記者の一人として取材に駆け回った経験から、その続編として「共創　アジアへ」を位置づけてきた。こうした思いから本書のタイトルを「共創アジア　時流の先へ」とした。原稿は一部の加筆修正を除き、新聞に掲載した内容を収め、聞き語りや関連記事を加えた。

取材に協力してくれた多くの皆さん、そして取り上げた企業の広報担当者には、あらためて深く感謝を申し上げる。日本が新たな元号「令和」とともに、未来へ踏み出す時代の移り目に、この本がアジアの中の日本を考える機会となれば、うれしい限りである。

二〇一九年五月

担当デスク　後藤隆行

執筆者一覧

後藤隆行、相馬敬、岸本拓也、河原広明、小柳悠志、鈴木龍司、中野祐紀、西山輝一、石原猛、久野賢太郎、酒井博章、曽布川剛、竹田弘毅、山上隆之（バンコク支局）、浅井正智（上海支局）

共創アジア　時流の先へ

2019年7月9日　初版第一刷発行

編　著　中日新聞社経済部
発行者　勝見啓吾
発行所　中日新聞社
〒460-8511 名古屋市中区三の丸一丁目6番1号
電話 052-201-8811（大代表）
052-221-1714（出版部直通）
郵便振替 00890-0-10
印　刷　長苗印刷株式会社
デザイン　全並大輝

ISBN978-4-8062-0756-6　C0034

定価はカバーに表示してあります。
乱丁・落丁本はお取り替えいたします。